Prier 15 jours avec

PADRE PIO

COLLECTION PRIER 15 JOURS

- Des **livres sources** pour
  – passer quinze jours en compagnie d'un maître spirituel à la manière de ces temps de retraite qui ouvrent une brèche dans notre univers quotidien.

- Des **livres pratiques**
  – un rappel biographique en début de volume
  – un itinéraire balisé en introduction
  – une entrée dans la prière répartie sur les quinze chapitres de l'ouvrage
  – pour aller plus loin, une bibliographie expliquée.

- Des **livres accessibles**
  – un ressourcement qui va à l'essentiel pour des chrétiens actifs
  – une information donnée de l'intérieur pour un public plus large.

Prier 15 jours avec

PADRE PIO

par Jean-Dominique Dubois, ofm

DEUXIÈME ÉDITION

Nouvelle Cité

Composition : Jean-Marie Wallet
Couverture : Adam Yousfi
et Jean-Pierre Pitrel

Illustrations de couverture :
p. 1, portrait de Padre Pio
p. 4, photo de l'auteur

37, avenue de la Marne
92120 Montrouge

ISBN 2-85313-398-2
ISSN 1150-3521

À Padre Pio,
en reconnaissance,
et à mes frères capucins de Sardaigne
qui m'ont donné la joie de le connaître.

« Vous avez été achetés à grand prix,
glorifiez donc Dieu dans votre corps. »
(1 Co 6,20)

SIGLES ET ABRÉVIATIONS

CEC	*Catéchisme de l'Église Catholique*
2 Cel	*Deuxième vie de François d'Assise* par frère Thomas de Celano (François d'Assise. Documents)
3e CsS	*Troisième considération sur les stigmates* (François d'Assise. Documents)
EE	*Entrez dans l'espérance,* Jean-Paul II
EF	*Entretien sur la foi,* Joseph Ratzinger
EI	Entretien inédit avec un témoin
LG	*Lumen Gentium,* Vatican II
LO	*Lettre à tout l'Ordre,* François d'Assise (Sources Chrétiennes, 285)

PL	*Paroles de lumière*
PPE	*Padre Pio nous enseigne*
PO	*Presbyterorum Ordinis,* Vatican II
PPS	*Padre Pio, le stigmatisé,* Yves Chiron
PPTD	*Padre Pio. Témoin de Dieu,* Jean Derobert
2 RG	*Deuxième règle de François d'Assise* (Sources Chrétiennes, 285)
SD	*Salvifici Doloris,* Jean-Paul II
TdD	*Padre Pio, transparent de Dieu,* Jean Derobert
VV	*Le vrai visage de Padre Pio,* Maria Winowska

N.B. : La numérotation qui suit les sigles ou abréviations renvoie aux pages de l'ouvrage cité.

LA VIE DE PADRE PIO

En cette fin du XIXe siècle l'Europe vit de multiples bouleversements. La philosophie de la mort de Dieu, fruit du siècle des lumières, conduit peu à peu à celle de la mort de l'homme. L'affirmation des droits de l'homme est au cœur des débats. Les sciences contribuent à de prodigieuses découvertes qui engendrent en même temps bien des inégalités sociales. Les états européens s'apprêtent à se déchirer dans une double explosion de violence jamais connue jusqu'alors.

L'Église cherche à répondre fidèlement à sa vocation missionnaire. La crise du modernisme la secoue. En son sein naissent des papes d'envergure. Leur ténacité et leur force spirituelle, soutenues par les travaux d'érudits, les conduisent jusqu'à cette œuvre prophétique pour notre temps qu'est le concile œcuménique Vatican II.

En Italie méridionale, la Campanie avec ses

plaines fertiles du golfe de Naples, ses hauteurs douces mais pauvres et ingrates de la région de Bénévent, abrite un peuple simple et travailleur. La vie est rude, dépouillée, mais belle par un certain charme austère, en ce pays où le soleil se fait vite brûlant de chaleur.

Le 25 mai 1887, Pietrelcina (village dit « petite pierre ») voit naître Francesco, quatrième d'une famille de huit enfants. Trois d'entre eux partiront en bas âge.

Giuseppa, la maman, ne ménage pas sa peine pour la maisonnée. Sa foi solide et la prière de son cœur animent son ouvrage. Grazio, le papa, travaille courageusement la terre pour nourrir les siens. Le nécessaire ne manque pas au foyer des Forgione. Cependant Zi'Grazio, comme on l'appelle familièrement, s'expatrie par deux fois aux États-Unis pour subvenir aux besoins des siens, particulièrement pour payer les études de son fils Francesco qui veut devenir prêtre.

Francesco est un garçon facile à élever. Son sérieux et sa piété donnent confiance. Il garde les quelques moutons de la famille. Comme tous les enfants, il aime jouer, mais plus encore regarder jouer. Il fuit les camarades grossiers ou blasphémateurs, il reçoit la taquinerie de certains qui le trouvent trop sérieux, mais il sait faire aussi avec d'autres quelques bons tours de gamin.

Il dira plus tard de lui qu'il était *« une nouille sans sel »*. Humour et humilité ! Certes son attrait pour la vie intérieure le met quelque peu à l'écart de la vie habituelle de ses camarades, mais sans le séparer d'eux. Il peut sembler avoir une personnalité falote. Il n'en est rien. Francesco a du tempérament. Il s'affirme vis-à-vis des siens.

Il est attiré par le Seigneur. Sa vie de prière, profonde et authentique, est peu habituelle pour son âge. Il participe avec joie et grande piété aux fêtes de l'année liturgique comme aux fêtes patronales de sa région. Il prend du temps pour prier seul Jésus et Marie, que ce soit à l'église, à la maison ou en campagne.

Plus tard on apprendra que le Seigneur se manifestait déjà de manière particulière. *« Les extases et les apparitions commencèrent à cinq ans »* (TdD 23). Il pensait ingénument qu'il en était ainsi pour tout le monde. Aux grâces peu ordinaires, comme de jouer habituellement avec son ange gardien, s'opposent aussi les vexations diaboliques.

Après avoir suivi l'essentiel de la scolarité, il entre à l'âge de quinze ans, le 6 janvier 1903, au noviciat des frères capucins de Morcone, non loin de sa *« chère Pietrelcina »*. Le Seigneur l'appelle depuis longtemps. Le dépouillement des frères du Petit Pauvre d'Assise, leur vie de prière, comme leur proximité avec la population locale, touchent naturellement ce jeune cœur assoiffé de Dieu, né dans un peuple et sur une terre où les artifices du monde ont peu de prise. En religion Francesco prend le nom de Pio.

L'année de noviciat achevée, il rejoint successivement divers couvents de sa Province religieuse de Foggia pour suivre les études de philosophie et de théologie. À cause de sa santé fragile le ministre provincial, le père Benedetto da San Marco in Lamis, autorise le jeune frère à aller pour un temps dans son village natal où l'air lui réussit mieux. Ce séjour à Pietrelcina dure en fait sept années consécutives, de mai 1909 à février 1916.

Lorsque la première guerre mondiale éclate, frère Pio est enrôlé sous les drapeaux. Après quelques séjours militaires il est très vite exempté en raison de sa mauvaise santé.

Le 10 août 1910, frère Pio est ordonné prêtre dans la cathédrale de Bénévent avec une dispense d'âge. Les premières années de son sacerdoce se déroulent dans la vie retirée de son village de Pietrelcina. Ce sont des années d'épreuves. Là il est une aide précieuse bien que discrète pour Don Salvatore Panullo, son curé.

Sa vie spirituelle ne fait que croître et s'enrichir sous la direction humble et sérieuse du père

Agostino da San Marco in Lamis, aidé par le père Benedetto da San Marco in Lamis, le ministre provincial. L'appui spirituel de ces deux prêtres de valeur n'est pas de trop pour Padre Pio dans les terribles nuits qui le tourmentent.

Le 20 septembre de l'année de son ordination sacerdotale, le Seigneur Jésus le marque des plaies de sa passion. Les stigmates demeurent invisibles. Personne dans son entourage ne soupçonne l'existence du « secret du Roi ». L'offrande de Padre Pio rejoint de plus en plus mystérieusement, mais réellement, celle du Seigneur Jésus pauvre et crucifié.

Au village les habitants gardent jalousement leur *« santariello »*, leur petit saint. Le bon sens paysan, mais aussi le sens de la foi, ne les trompe pas, même si la longueur des messes du jeune prêtre n'est pas de leur goût. La vie de Padre Pio est cachée avec le Christ au milieu de son peuple. Religieux d'une simplicité étonnante et d'une pureté toute évangélique, frère Pio rayonne sans le vouloir sur ses compatriotes à travers les contacts les plus ordinaires.

À partir de 1914 il se voit confier par le père Agostino la direction spirituelle de plusieurs personnes. C'est le début d'un fécond ministère de père spirituel.

En 1916 Padre Pio quitte définitivement Pietrelcina pour résider au couvent de San Giovanni Rotondo plus propice à sa santé et à la solitude. On lui confie l'éducation des jeunes clercs. Il a d'autant plus à faire que la communauté est fort réduite puisque la plupart des religieux sont au front. Padre Pio veille avec soin sur ses garçons, accueille les fidèles du couvent, écrit pour la direction spirituelle, confesse et célèbre la messe. *«Je n'ai même pas le temps,* écrit-il, *de me reposer en paix sur le Cœur du Père du Ciel»* (TdD 446).

Jamais rassasié d'un colloque intime avec le Seigneur, au milieu de ses occupations ministérielles, sa prière est ininterrompue et s'intensifie. Dans cette prière il renouvelle sans cesse son offrande pour les uns et pour les autres.

Au matin du 20 septembre 1918, après la célébration de la messe, alors qu'il est tout recueilli dans le chœur des religieux à la tribune de l'église, un mystérieux personnage lui apparaît qui le laisse transpercé et ensanglanté aux mains, aux pieds et au côté. Les stigmates invisibles sont devenus irrémédiablement visibles.

Très vite son supérieur local (le frère gardien selon l'appellation franciscaine) et les frères de sa communauté constatent le don mystérieux reçu par leur frère. Les fidèles de la petite église Notre-Dame-des-grâces se chargent de répandre bien vite la nouvelle. Dès lors il sera impossible de contenir les foules qui accourent sur les flancs de ce mont perdu du Gargano. Premier prêtre stigmatisé de l'histoire, Padre Pio se voit exposé, livré à la vue de tous comme un pauvre crucifié, voué par ce don insigne de Jésus, à servir les âmes, en plénitude de cœur et de corps.

Les supérieurs capucins demandent une enquête médicale sérieuse. Plusieurs médecins se succèdent. Le docteur Giorgio Festa, agnostique et décidé à en découdre avec le religieux aux soi-disant stigmates, établit un rapport fort compétent, qui fait autorité. Lui-même se convertit et devient un ami fidèle du père.

Padre Pio n'est pas seulement porteur des plaies du Seigneur. De nombreux charismes lui sont donnés par Dieu pour ramener les brebis égarées dans la maison du Père. Il lit dans les cœurs ; il visite en bilocation ou fait sentir un mystérieux parfum à ceux qu'il faut encourager ; il obtient de nombreuses guérisons.

Pour la conversion des pécheurs, Padre Pio se tient cinquante ans dans l'extrême dépouillement d'un couvent isolé de son Ordre, priant, souffrant, célébrant la messe et confessant.

La célébration de sa messe est d'une telle intensité de présence qu'elle conduit tous les participants, les fidèles comme les curieux ou les sceptiques, à entrer dans le mystère insondable de l'Eucharistie pour un véritable renouveau de vie chrétienne. On ne compte pas « les gros poissons », comme aime les appeler le père, qui ne comprennent pas ce qui les pousse irrésistiblement, après avoir participé à sa messe de pauvre capucin, à aller s'agenouiller dans son confessionnal pour la réconciliation de leur vie.

Le ministère de la confession brûle son temps et ses énergies de prêtre. Tous les âges et tous les états de vie, grands et petits de ce monde, qu'ils soient membres de l'Église ou de la société civile, représentants de toutes les erreurs ou de toutes les déviances idéologiques du XXe siècle (francs-maçons, libres-penseurs, communistes, libertaires…) viennent du monde entier et passent par sa vie de simple moine capucin pour découvrir enfin la Vie véritable.

Mais qui sait combien Padre Pio paie cher les fruits d'un tel ministère ? Qui peut deviner les obscurités intérieures, les souffrances morales et physiques dans lesquels il est plongé la plupart du temps ? Il est *« plaie sur plaie »*… Il vit à chaque Eucharistie toutes les étapes de la Passion de Jésus… Il reçoit à longueur de journée la boue des péchés de l'humanité. Par deux fois il doit subir de sévères restrictions dans l'exercice de son ministère à cause de l'orgueil, de la jalousie ou des passions de plusieurs hommes d'Église.

Pendant deux longues années, du 9 juin 1931 au 16 juillet 1933, sur la base de rapports mensongers, il lui est interdit de dire la messe en public, de confesser et de diriger spirituellement qui que ce soit. Puis de la fin de l'année 1959 à janvier 1964, il subit de nombreuses vexations et pressions morales. Certains responsables de son Ordre, abusés, comme tant d'autres autorités religieuses, par le banquier Giuffré, veulent en effet détourner, au profit du remboursement d'une dette énorme, les offrandes faites pour l'hôpital fondé par ses soins.

Padre Pio souffre, mais comme Jésus il souffre en silence. Car il brûle de l'amour même du Christ. Un des plus beaux fruits de cette vie livrée par amour a surgi de terre au côté de son minuscule couvent : la *Casa sollievo della sofferenza.* La « maison du soulagement de la souffrance » est un hôpital parmi les plus performants d'Italie. Les pauvres y sont soignés avec la même qualité que les riches. L'homme racheté par le Christ doit y être soigné comme le Christ lui-même et considéré dans son intégralité. Du sein de cet hôtel-Dieu, naissent les groupes de prière de Padre Pio. Celui-ci vit la priorité absolue de la prière dans la vie chrétienne. Il en éprouve la puissance. Ce don de la prière, il le désire, il le réclame pour tous les souffrants de la terre.

Le 22 septembre 1968, Padre Pio célèbre une messe solennelle. Son frère gardien le lui a demandé malgré son épuisement, car on est venu de partout à San Giovanni Rotondo, pour un congrès des groupes de prière. La date choisie coïncide avec le cinquantième anniversaire de la stigmatisation de l'humble fils-prêtre de François d'Assise. Personne ne se doute que c'est sa dernière messe. Dans la nuit suivante, le 23 vers deux heures du matin, Padre Pio da Pietrelcina rend son âme au Seigneur. Il s'est confessé une dernière fois et s'endort comme un enfant après avoir redit tout simplement ces noms tant aimés de Jésus et de Marie.

En 1971, au chapitre général des Frères Mineurs Capucins, le pape Paul VI parle du miracle qui survint à Padre Pio : « Considérez la renommée qu'il a connue ! Quelle clientèle mondiale il a rassemblée autour de lui ! Pourquoi ?.. Était-il un philosophe ?.. Était-il un savant ?.. Parce qu'il avait des moyens à sa disposition ?.. Parce qu'il disait la Messe humblement, confessait du matin au soir et était – difficile à dire – le représentant de Notre Seigneur, marqué de ses stigmates. C'était un homme de prière et de souffrance » (TdD 16).

UN VISAGE À CONTEMPLER

À l'exemple de François d'Assise, Padre Pio est fasciné par le visage du Christ. Il le cherche de toute la force de sa foi, dans la prière, la pénitence et la pauvreté volontaire.

La prière chrétienne, c'est la contemplation du visage du « plus beau des enfants des hommes » (Ps 45,3) Jésus Christ, mort et ressuscité pour nous. Ce visage nous attire et nous rend la ressemblance perdue aux origines de la création. Contempler en vérité le Christ c'est être tout entier transformé en lui, pour être, là où il demeure : dans le face-à-face avec le Père, un en lui comme il est dans le Père et que le Père est en lui.

« Et nous tous qui, le visage découvert, réfléchissons comme en un miroir la gloire du Seigneur, nous sommes transformés en cette même image, allant de gloire en gloire, comme de par le Seigneur, qui est Esprit » (2 Co 3,18).

François d'Assise ne voulut rien d'autre que

d'être chrétien en plénitude, ne posséder rien, sinon Jésus Christ, et n'être possédé par rien, ni personne d'autre.

Fasciné par le visage du Seigneur Jésus qui le premier l'a cherché, Padre Pio vit à plein le programme de vie chrétienne des frères mineurs, reçu de son père, François d'Assise.

« Que les frères considèrent qu'ils doivent, par-dessus tout, désirer avoir l'Esprit du Seigneur et sa sainte opération, le prier toujours d'un cœur pur et avoir l'humilité, la patience dans la persécution et dans la maladie, et aimer ceux qui nous persécutent, nous réprimandent et nous accusent… » (2 RG 10, 8-9).

Il est étonnant de remarquer qu'à huit siècles de distance – à la suite d'une longue histoire de vie franciscaine marquée par tant de visages de sainteté – le frère Pio da Pietrelcina commence là où François a terminé. Durant les deux dernières années de sa vie, François d'Assise, diacre de la sainte Église, portait en son corps les stigmates du Christ. Frère Pio débute sa vie de frère mineur, comme prêtre, en recevant les plaies de la Passion de Jésus. Les deux saints ont chacun leur personnalité et leur envergure propre. Cependant quel étonnant mystère de continuité et de fidélité entre les deux hommes dans la pauvreté évangélique radicale pour se conformer au Christ pauvre et crucifié !..

Padre Pio n'a choisi ni son état, ni ses charismes. Il les reçoit et les accueille dans un grand dépouillement, voire avec confusion. Cela lui fait dire : *« Je suis un mystère pour moi-même. »* La conséquence en est qu'il devient « transparent de Dieu ».

« La sainteté consiste précisément en ceci, dit Jean-Paul II dans son homélie de béatification : ce n'est plus le chrétien qui vit, mais le Christ qui vit en lui (cf. Ga 2,20). But exaltant, qui s'accompagne d'une promesse tout aussi réconfortante : "Celui qui croit en moi accomplira les mêmes œuvres que moi, il en accomplira même de plus grandes puisque je pars vers le Père" (Jn 14,12).

« En écoutant ces paroles du Christ, notre pensée va à l'humble frère capucin du Gargano. Avec quelle évidence elles se sont réalisées pour le Bienheureux Pio da Pietrelcina [1] ! »

Jésus a établi sa demeure en son serviteur Padre Pio da Pietrelcina. Par cette « humanité de surcroît », le Seigneur attire ses enfants à lui, comme il l'avait annoncé : « Et moi, une fois

---

[1] Jean-Paul II, homélie pour la béatification de Padre Pio, 22 Mai 1999, *Osservatore Romano* n° 18 (2570).

élevé de terre, j'attirerai tous les hommes à moi» (Jn 12,32). Le Crucifié du Golgotha se laisse voir à travers les actes et les paroles du crucifié du Gargano.

Prions Jésus Christ en contemplant les merveilles qu'Il a accomplies dans la vie de son serviteur Pio da Pietrelcina. Découvrons le visage lumineux du Christ. Entrons dans son cœur brûlant d'amour pour les hommes. Laissons-le se révéler à nous-mêmes et nous transformer en son amour, par le feu de son Esprit Saint. Puissions-nous, par cette contemplation, devenir à notre tour comme Padre Pio, et selon notre grâce, porteurs de la véritable effigie du Christ pour nos frères.

«Car ce n'est pas nous que nous prêchons, mais le Christ Jésus, Seigneur; nous ne sommes, nous, que vos serviteurs, à cause de Jésus. En effet le Dieu qui a dit: "Que des ténèbres, resplendisse la lumière" est Celui qui a resplendi dans nos cœurs, pour faire briller la connaissance de la gloire de Dieu, qui est sur la face du Christ» (2 Co 4,5-6).

premier jour

L'APPEL DE JÉSUS CHRIST

Je sentais deux forces qui s'affrontaient en moi me déchirant le cœur : le monde me voulait pour lui et Dieu m'appelait à une nouvelle vie. Mon Dieu, comment décrire mon martyre ? Le seul souvenir de la lutte qui se déroulait en moi me glace le sang dans les veines. Vingt ans se sont écoulés. Je sentais devoir obéir à toi, Dieu vrai et bon, mais mes ennemis me tyrannisaient, me déboîtaient les os et me tordaient les viscères. Je voulais t'obéir, ô mon Dieu et mon Époux. Mais où trouver la force pour résister à ce monde qui n'est pas le tien ? À la fin, tu es apparu et, ayant tendu ta main toute-puissante, tu m'as conduit là où tu m'avais appelé… (TdD 37)

L'appel du Seigneur taraude le cœur de Francesco depuis sa toute petite enfance. Sa liberté est mise à l'épreuve. Il est homme. En pleine adolescence, à l'heure où bien des routes sont possibles, il ressent les appels du monde. Il a vraiment conscience d'être libre devant Dieu. À lui d'accepter ou de refuser la voie qui lui est proposée.

« Yahvé... derrière et devant tu m'enserres, tu as mis sur moi ta main... Où irai-je loin de ton esprit, où fuirai-je loin de ta face ?.. Je dirai : "Que me presse la ténèbre, que la nuit soit pour moi une ceinture" ; même la ténèbre n'est point ténèbre devant toi et la nuit comme le jour illumine » (Ps 139,5.11-12).

Choisir Dieu et sa volonté sur nous est l'objet d'une lutte d'autant plus réelle que notre liberté est entravée par les conséquences du péché originel. « L'esprit est ardent, mais la chair est faible » (Mt 26,41) enseigne Jésus au moment d'entrer dans sa passion. Et « c'est pour que nous restions libres que le Christ nous a libérés » (Ga 5,1).

De surcroît dans le choix à opérer, Dieu nous déconcerte souvent. « Vos pensées ne sont pas mes pensées et mes voies ne sont pas vos voies » dit le Seigneur (Is 55,8).

Par ailleurs l'adversaire du genre humain ne désarme pas. Il cherche à s'opposer à cette relation de l'homme avec Dieu.

Mais Dieu est amour. Par son amour même il est plus grand que toutes ses créatures. Rien ne peut l'arrêter pour appeler sa créature à faire alliance. Tel le fiancé du Cantique des cantiques qui cherche sa fiancée, le Seigneur s'élance au-devant de ses enfants.

«... et lui, comme un époux qui sort de son pavillon, se réjouit, vaillant, de courir sa carrière. À la limite des cieux il a son lever et sa course atteint à l'autre limite, à sa chaleur rien n'est caché» (Ps 19,6-7).

Francesco fait l'expérience de cette bonté infinie de Dieu, de sa tendresse pour ses œuvres.

En moi, qui suis sa pauvre et abjecte créature, Dieu m'a montré dès ma naissance qu'il aurait été non seulement mon Sauveur, mon Bienfaiteur Suprême, mais l'Ami dévoué, sincère et fidèle, l'Amour éternel et infini, la Consolation, la Joie, le Réconfort, tout mon Trésor...

Avec ardeur, avec des soupirs d'amour, avec des gémissements inénarrables, avec des paroles douces et suaves, (le Seigneur) m'appelait à lui, voulait me prendre tout à lui.

Francesco, émerveillé, accueille ces marques d'amour du Seigneur et y répond avec générosité. Toutefois Dieu ne se fait pas connaître d'un coup. Il procède par touches successives et progressives. Il se laisse apprivoiser par sa créature et ne lui épargne ni l'épreuve de la nuit, ni les épreuves en général.

La prière du jeune adolescent de Pietrelcina se fait alors plus ardente pour sortir de toutes sortes de tentations.

Et dans les tentations, les attaques bien précises de l'Ennemi, j'invoquais de suite les Très Saints Noms de Jésus et de Marie, appelant avec une ardente anxiété le bon Père pour qu'il vienne à mon secours. Et le voilà prêt à mon appel. Il se présentait à moi, et voyant que je m'efforçais d'éloigner de moi la funeste image, il me paraissait sourire, il me semblait qu'il m'invitait à une autre vie…

Francesco connaît le rude combat des deux libertés qui s'affrontent et se respectent : la liberté de Dieu et sa liberté d'homme. Il ressent ses propres résistances ou ce qui, en lui, pourrait pactiser avec le Malin. Comme tout homme, l'épreuve le purifie et lui apprend l'amour qui se manifeste et se propose sans s'imposer. Il découvre aussi au-delà de ses limites et de son péché, que tout est grâce même le oui qu'il prononce pour le Seigneur.

À la fin, tu es apparu et, ayant tendu ta main

toute-puissante, tu m'as conduit là où tu m'avais appelé…

Jésus se laisse vaincre. Il se laisse chercher et donne la joie de le choisir.

Dans cet amour brûlant de Dieu pour Francesco nous entrevoyons l'amour de Jésus pour la multitude. Le Seigneur prépare son serviteur à proclamer l'amour invincible du Dieu Trinité d'amour.

Ayant fait pour lui-même l'expérience de la miséricorde Francesco reconnaît qu'il doit être au nombre des ouvriers du Royaume sans savoir encore l'ampleur de sa mission.

Il me semblait qu'il m'invitait à une autre vie. Il me faisait comprendre que le port de la sûreté, l'asile de paix pour moi, était les rangs de la Milice ecclésiastique.

Francesco est comme dépassé. Le premier, il entre par où il fera passer tant d'hommes. Si Dieu veut faire de lui un « premier de cordée », il réalise que c'est le choix souverain de Dieu sans aucun mérite de la part de celui à qui cela est demandé.

Choisir Dieu, ce n'est pas adopter un chemin de vie parmi tant d'autres ou retenir un projet forgé à la force des talents reçus, mais c'est consentir humblement à la voie unique que, dans son dessein d'amour éternel, Dieu a choisie pour nous.

Où pourrais-je mieux Te servir, Ô Seigneur sinon dans le cloître, ou sous la bannière du Petit Pauvre d'Assise?

Qu'il suffise de dire oui au Dieu tout amour qui se dévoile aux yeux de l'âme. Qu'il suffise à l'homme de se laisser établir dans l'acquiescement de tout son être.

« Ce n'est pas vous qui m'avez choisi ; mais c'est moi qui vous ai choisis et vous ai établis pour que vous alliez et portiez du fruit et que votre fruit demeure » (Jn 15,16).

LA PAUVRETÉ DE JÉSUS CHRIST

Jésus, je dois être exilé... Mais, Jésus, tu veux me faire partir?.. Ne m'as-tu pas, toi-même, appelé?.. J'ai, moi aussi, le droit de rester en religion. [...] Donc, tu me chasses? Jésus, fais en sorte que j'obéisse à mes Supérieurs! [...]
Ô mon Père Séraphique, tu me chasses de ton Ordre?.. Je ne suis plus ton fils?.. La première fois que tu m'es apparu, Père saint François, tu m'as dit d'aller à cette terre d'exil?.. Ah, mon Père, c'est la Volonté de Dieu?.. Eh bien, Fiat!
Mais mon Jésus, aide-moi... Et quel sera le signe que tu me veux là?.. Je dirai la Messe... Eh, bien, mon Jésus, sois remercié! (TdD 185).

Lors d'une extase, Padre Pio dialogue avec Jésus et François d'Assise. Le père Agostino, qui est présent, recueille les paroles de son frère, n'ayant pas la grâce d'entendre celles de Jésus et de François. Les circonstances nous font comprendre ce dialogue.

En mai 1909 frère Pio est toujours en très mauvaise santé. Il est autorisé à retourner dans son village de Pietrelcina. Grâce au bon air de la région et aux soins de la maman le séjour devrait être profitable et de courte durée. Cependant les médecins ne réussissent guère à identifier les maladies. Craignant de le voir mourir, il est ordonné prêtre plus tôt que prévu.

Le père Benedetto, ministre provincial, ne peut se satisfaire de cette situation d'exclaustration qui bientôt se compte en années. Il ne doute pas de la droiture de son frère mais constate que toute tentative de retour au couvent est, sur le plan de la santé, un échec. Aussi la perspective d'une dispense de vie commune, voire de sortie de l'Ordre, semble être la seule issue. La mort dans l'âme Padre Pio demande l'autorisation de vivre en dehors du cloître. Il espère que ce soit avec la permission de garder l'habit capucin. Cela lui est accordé « pour le temps que dure la maladie ».

Il n'est pas envisagé qu'il soit relevé de son sacerdoce ministériel mais seulement de son appartenance à l'Ordre. La prêtrise lui tient à cœur. Il la vit avec une conscience si éveillée et si pleine. Pourtant la certitude de rester prêtre n'est pas une consolation. Être frère mineur fait partie de l'appel du Seigneur, c'est donc en fils de François d'Assise qu'il veut être prêtre. La perspective de demeurer pour toujours hors de la communauté des frères lui est très pénible. Elle fait de lui un pauvre. *«Le plus grand sacrifice»* qu'il ait fait au Seigneur, confiera-t-il. Que Dieu est souvent déroutant dans la conduite de ses enfants!

La pauvreté évangélique est le chemin royal qui conduit à la vie, enseigne François, car c'est le chemin même de l'Amour qu'est Dieu, c'est le chemin du Fils de l'homme. «Vous connaissez, en effet, la libéralité de notre Seigneur Jésus Christ, qui pour vous s'est fait pauvre, de riche qu'il était, afin de vous enrichir par sa pauvreté» (2 Co 8,9).

Dieu le Père est pauvre de son Fils, il nous le donne (Jn 3,16). Dieu le Fils est pauvre de lui-même, il se livre tout entier entre nos mains (Jn 10,18; 15,15). Le Père et le Fils sont pauvres de leur amour, ils donnent à l'Église l'Amour-don, l'Amour-personne, qu'est l'Esprit Saint (Jn 14,26). Le disciple doit ressembler à son maître: «Heureux ceux qui ont une âme de pauvre, car le Royaume des Cieux est à eux» (Mt 5,3).

François d'Assise a parcouru le chemin de la pauvreté évangélique jusqu'à s'appauvrir de son Ordre, alors que Dieu lui en avait donné le charisme de fondation [2]. Plus radicalement encore il remit au Seigneur ces trois boules d'or que représentaient dans sa vie l'obéissance, la chasteté et la pauvreté, vécues en perfection (3e CsS 1228-1229).

Être pauvre de tout, même des biens spirituels les plus éminents, reçus du Seigneur, pour ne posséder que Jésus Christ et Jésus crucifié. « À cause de lui j'ai accepté de tout perdre, dit Paul, je considère tout comme déchets, afin de gagner le Christ, [...] le connaître, lui, avec la puissance de sa résurrection et la communion à ses souffrances, [...] afin de parvenir si possible à ressusciter d'entre les morts » (Ph 3,8.10-11).

Padre Pio, lui aussi, est comme dépouillé de son appartenance à l'Ordre séraphique. Les détachements les plus difficiles à vivre sont ceux que l'on n'a pas choisis. Ils nous viennent mystérieusement de Dieu à travers les événements, les personnes ou les appels du Seigneur. De surcroît le Maître n'explique pas toujours

[2] Cf. la très belle description que le père Éloi Leclerc fait de cette crise spirituelle de François d'Assise, dans son livre *Sagesse d'un pauvre* (DDB).

les raisons de ses volontés les plus explicites ou de ses changements.

Voilà bien une des questions que se posent les deux pères spirituels de Padre Pio : savoir pour quel motif Dieu veut cet éloignement de leur frère. Pour cela ils interrogent Padre Pio. Celui-ci obéit, mais la Vierge Marie lui signifie qu'il est inutile de faire cette demande à son Fils.

Il écrit à son Provincial : *« Jésus ne veut pas répondre. »*

Puis au père Agostino : *« En recevant votre dernière lettre, j'ai voulu présenter à la petite Maman la grâce que vous m'avez toujours ordonné de demander. [...] Hélas, je dois avouer, à ma confusion, que l'effet espéré ne fut pas obtenu parce que cette sainte Mère se mit en colère à cause de l'audace que j'avais de réclamer à nouveau cette grâce, car Elle me l'avait sévèrement défendu ! [...] Alors la petite Maman revint avec son Divin Fils, ils me firent un bon lavage de tête et renouvelèrent leur défense : Ne te fais pas de souci que les autres pensent tant de choses étranges sur ton compte, nous avons pris ta défense... »* (TdD 89).

Connaître que l'on est dans la volonté de Dieu, si paradoxale qu'elle puisse apparaître, est une grâce. Mais n'en pas connaître la ou les raisons, c'est de l'ordre de la pauvreté spirituelle.

Marie et Joseph, les premiers, « ne comprirent pas la parole qu'il [Jésus] venait de leur dire » (Lc 2,50).

Au milieu de ses frères, Padre Pio sera de plus en plus dépouillé de tout, jusqu'à son honneur, sa réputation et sa liberté la plus sacrée. Malheureusement ce sera, pour une part, le fait de quelques frères ou hommes d'Église.

Cela ne sera toutefois, pour le serviteur de Dieu, que l'écorce d'un dépouillement infiniment plus profond, plus intérieur, sur lequel rien, ni personne, ne peut avoir de prise, pas même celui qui le vit sinon en adhérant à l'œuvre de Dieu du plus profond de sa liberté. Ce dépouillement touche le sujet dans son moi le plus intime, le plus personnel, jusqu'à laisser toute la place au Christ. Padre Pio, en le vivant, sera vidé de lui-même, jusqu'au sang.

Il rejoint son maître. « Lui qui était de condition divine, ne retint pas jalousement le rang qui l'égalait à Dieu. Mais il s'anéantit lui-même, prenant condition d'esclave… » Littéralement : « Il se vida de lui-même » (Ph 2,6-7).

LA PRIÈRE DE JÉSUS CHRIST

Je n'avais jamais assisté à une si sainte cérémonie depuis le jour où je fus confirmé. Je versais des larmes de consolation dans mon cœur à cette sainte cérémonie, parce qu'elle me rappelait ce que me fit ressentir le Très Saint-Esprit Paraclet ce jour où je reçus le Sacrement de la Confirmation, jour très particulier et inoubliable pour toute la vie. Combien de doux mouvements cet Esprit Consolateur ne me fit-il pas ressentir en ce jour? À la pensée de ce jour, je me sens tout entier brûlé d'une très vive flamme qui brûle, dévore et ne fait pas mal.
Que je serais heureux d'être consumé au plus tôt par cette flamme! Oh, oui! Que le Père très doux de Jésus découvre finalement Sa Présence à celui qui la recherche si ardemment. Et puisque personne ne peut la contempler sans en mourir, qu'il me tue plutôt, et je me considérerais comme heureux,

car le gain est de beaucoup supérieur à la perte (TdD 160-161).

À la paroisse de Pietrelcina, Padre Pio vient de vivre la confirmation des enfants. Encore tout ému de la beauté de cette célébration, il écrit au père Agostino. Il fait mémoire de sa propre confirmation, reçue à douze ans. Dans cette lettre il décrit la vie qui s'est développée en son âme depuis ce jour. La prière, née de ce sacrement, est devenue en lui une source.

Par le baptême et la confirmation, le catéchumène entre dans le mystère de Jésus Christ. Il ne fait plus qu'un avec le Christ. La prière du Seigneur est la sienne. Celui qui est né de l'eau et de l'esprit reçoit solennellement le Notre Père. « La remise *(traditio)* de la Prière du Seigneur signifie la nouvelle naissance à la vie divine » (CEC 2769). La prière de Jésus n'est pas simple formule à répéter. Elle est un mystère dans lequel le baptisé est convié à entrer pour vivre une relation d'amour avec le Père des cieux. Il est permis au chrétien de prier avec d'autres mots, mais non autrement (Augustin d'Hippone). C'est l'Esprit Saint qui initie le baptisé à la prière. « Vous, vous n'êtes pas dans la chair mais dans l'esprit, puisque l'Esprit de Dieu habite en vous » (Rm 8,9).

Voilà bien cette douce expérience que fait Padre Pio au jour de sa confirmation. L'Esprit, « l'eau vive qui, dans le cœur priant, jaillit en Vie éternelle » (CEC 2652) le porte à connaître Dieu comme le bien suprême.

Mon âme est très désireuse de se voir posséder totalement par ce grand Dieu, par l'amour duquel elle sent son cœur volé et transpercé. À contre cœur, la pauvrette souffre d'autres délais à l'accomplissement de ses ardents désirs, elle ne peut plus résister à la souffrance qui la tourmente.

Pauvre âme! Elle est désormais fatiguée de regarder son époux qui lui a tout pris, à travers la « fontaine de cristal ». Elle veut parvenir à voir dans sa plénitude et sa perfection cette figure dont elle a entrevu comme les premiers traits, l'ébauche. En un mot, elle veut voir le Verbe, le Fils de Dieu, qui est la splendeur de la Gloire de Dieu et la révélation parfaite de sa propre substance […].

Qu'il veuille bien […] ne plus entretenir ma pauvre âme d'autres connaissances et communications qui ne réussissent pas à combler son désir et sa volonté, qu'il finisse enfin par se donner tout entier par le moyen de cette union dans un amour parfait et assouvi.

Padre Pio s'est livré à l'Esprit de son baptême. En son cœur le souffle de Dieu s'écrie :

« Abba ! Père ! » (Rm 8,15) et prie de toutes sortes de manière, « en des gémissements ineffables » (Rm 8,26). Prier lui est simple. Dieu lui-même prie en son cœur. Il suffit « d'un tout petit peu d'abandonnement entre ses mains » (Charles Péguy).

Bien des fois, Padre Pio est surpris des mouvements de l'Esprit Saint. Durant une certaine période, ayant très à cœur de prier pour des personnes qui se sont recommandées à lui, voilà qu'au moment de les offrir à Dieu *« son esprit se trouve dans un vide parfait »*. D'autres fois il se sent poussé à prier pour des personnes totalement inconnues de lui. Il constate, par après, que Dieu a exaucé ses prières (TdD 133-134). Le vrai priant n'est pas maître de sa prière, il est entre les mains du Père que sont l'Esprit Saint et le Verbe de Dieu.

Si la clé de la prière c'est l'abandon à l'Esprit Saint, l'exigence fondamentale, selon l'enseignement de Jésus, en est la persévérance. « Prier sans cesse et ne pas se décourager » dit Jésus (Lc 18,1). À l'un de ses pénitents qui se plaint d'avoir peu d'envie de prier, Padre Pio répond : *« La prière demande la constance et la persévérance notamment lorsque nous n'y sommes pas disposés. D'ailleurs Dieu récompense la volonté et non le sentiment »* (PPE 251).

La persévérance de Padre Pio pour durer dans la prière est quelque chose d'impressionnant. La prière est sa vie tout entière. Tel le veilleur du prophète Isaïe, il se tient « sur les remparts de Jérusalem » ne s'accordant aucun repos jusqu'à ce que Dieu ait établi son peuple dans la louange du salut (Is 62,6-7) Car *« la prière humble et implorante triomphe de Dieu lui-même. Elle en arrête le bras, elle en calme les foudres, elle le désarme, elle le vainc, elle l'apaise et elle le rend comme dépendant et en fait un ami... »* (TdD 311).

Padre Pio se définit comme *« un prêtre qui prie »*. Sa prière est continuelle. « Il priait toujours, nuit et jour, écrit le père Frederico. Pour nous, sa première chaire était le chœur où il passait les longues heures de la journée à genoux, car il était fidèle adorateur de Jésus au saint sacrement. Au milieu de nous, il priait, il nous répondait en tenant toujours son chapelet dans sa main droite qui était cachée dans la poche de son plastron. Au réfectoire, après avoir pris en vitesse et sans aucun goût quelques petits morceaux, il continuait à prier. [...] Sa journée était un continuel colloque avec Dieu » (TdD 395). Il en sera ainsi pendant toute sa vie, malgré les foules qui vont le manger. Ce que frère Thomas de Celano dit du petit Pauvre d'Assise est vrai de lui : « Ce n'était plus un homme qui priait, c'était la prière faite homme » (2 Cel 95).

Où trouver la raison de cette ardeur de Padre Pio pour la prière ? Ne serait-ce pas que, dans la foi, il voit le Christ prier sans cesse son Père pour nous ? Par l'Esprit Saint il est entraîné dans cette prière de Jésus pour le salut des hommes. Ce qui lui a fait dire que la prière est *« la grande affaire du salut humain »* (PPS 73). La fondation des groupes de prière, qui vont se répandre dans le monde entier, est un fruit tout naturel de cette vue profonde.

Par sa prière Padre Pio communie à tous les états d'âme du Christ.

Jésus, dit le Prologue de Jean, est constamment tourné vers le Père (Jn 1,1). Jésus a un seul désir et une seule nourriture : faire la volonté du Père. Jésus supplie le Père pour que les hommes entrent dans leur intimité divine.

Padre Pio rejoint le cœur de Jésus. Avec lui et en lui il prie le Père, lui demandant une seule chose : « Qu'ils te connaissent toi le seul véritable Dieu et celui que tu as envoyé, Jésus Christ. » Cela, dit Jésus, « c'est la vie éternelle » (Jn 17,3).

LE COMBAT DE JÉSUS CHRIST

« Par des coups répétés de salutaire ciseau et par un polissage soigneux j'ai l'habitude de préparer les pierres qui devront entrer dans la composition de l'édifice éternel. »
Jésus me répète toujours ces paroles à chaque fois qu'il m'envoie de nouvelles croix. (TdD 80).

Depuis toujours Dieu avertit les siens : « Mon fils, si tu veux servir le Seigneur prépare-toi à l'épreuve » (Si 2,1) Dès sa venue en ce monde, Jésus, le Serviteur, a été éprouvé. « La lumière luit dans les ténèbres et les ténèbres ne l'ont pas saisie. [...] Il est venu chez lui et les siens ne l'ont pas accueilli » (Jn 1,5.11).

D'une manière peu commune, Padre Pio est confronté à ce mystère des ténèbres qui s'opposent à la lumière. Sa vie est une lutte continuelle contre le mystère de l'injustice qui voudrait régir la création de Dieu.

Peu de temps avant d'entrer au noviciat des frères capucins, le Seigneur l'avertit qu'il aura à combattre toute sa vie contre Satan (et les démons). Mais Jésus lui dit : *« Je ne permettrai pas qu'il t'abatte »* (PPS 30). Les anges déchus, Padre Pio les qualifie de différents noms : *« cosaques », « brutes », « Barbe bleue », « apostats impurs »,* etc. Il fait à leur sujet toutes sortes d'expériences qui lui prouvent non seulement leur réalité, mais leur pouvoir de nuisance. : « Ce n'est pas contre des adversaires de sang et de chair que nous avons à lutter, dit Paul, mais contre les principautés, contre les puissances, contre les régisseurs de ce monde de ténèbres, contre les esprits du mal qui habitent les espaces célestes » (Ep 6,12). Padre Pio vit le combat de Jésus, car « c'est pour détruire les œuvres du diable que le Fils de Dieu est apparu » (1 Jn 3,8).

Écoutez ce que j'eus à souffrir de ces apostats impurs, il y a quelques nuits. La nuit était déjà avancée, ils commencèrent leur combat en faisant un bruit d'enfer. [...]

Suit alors la description du remue-ménage que *« ces brutes »* firent dans la cellule du pauvre frère capucin, furieux de ne pas l'avoir fait chuter dans des tentations de multiples facilités ou de plaisirs. Padre Pio se voit assister dans l'épreuve par son ange gardien qui lui donne alors le sens de cette lutte.

Jésus permet au démon ces attaques, parce que son amour te rend cher à ses yeux, et il veut que tu lui ressembles dans les angoisses du désert, du jardin (de Gethsémani) et de la croix. Toi, défends-toi, éloigne toujours et méprise les insinuations perverses et où tes forces ne pourront pas parvenir, ne te désole pas, bien-aimé de mon cœur, je suis à côté de toi.

Quelle que soit la dureté des combats, quasi physiques, que mène Padre Pio contre les démons (on le verra descendre au confessionnal le visage tuméfié), les attaques les plus dures sont pour lui, comme pour tout être humain, dans les ombres et les nuits où l'adversaire aime travailler : tentations de l'esprit ou de l'imagination *(« La lutte se poursuit pratiquement directement entre esprit et esprit »);* faiblesses ou péchés des hommes utilisés comme point d'appui pour nuire au serviteur de Dieu. Satan sait bien se déguiser en ange de lumière, prendre les apparences du bien, pour tromper et induire en erreur.

Dans cette lutte, Padre Pio demeure confiant et non sans humour. *« Tant mieux,* dit-il en riant lorsqu'on lui rapporte quelque nouvelle ineptie carabinée touchant sa personne, *tant mieux! Lorsque le diable s'agite, c'est qu'il n'est pas content. Ce qui doit nous inquiéter, c'est son silence* » (VV 86). Par cette réplique il aide ses proches à dédramatiser et leur enseigne à regarder les manœuvres du démon, avec justesse et réalisme. Il a la conviction profonde que le mal n'est pas à égalité avec le bien. La victoire est acquise par le sang de Jésus Christ.

Cependant il garde dans le secret de son cœur les luttes les plus dures qu'il mène pour demeurer vigilant dans la foi et accomplir la mission reçue. Seules les lettres écrites à ses pères spirituels nous découvrent l'étendue de ses nuits intérieures, particulièrement dans les premières années de son ministère.

Les désolations spirituelles sont insupportables… Mon cœur est sans repos. Il cherche à se reposer, mais il ne sait pas où. Le vide que je ressens en moi me remplit d'épouvante. La mémoire ne se rappelle presque plus rien, l'intelligence cherche la vérité première, et lorsqu'il lui semble l'atteindre et en comprendre quelque chose, elle sombre tout à coup dans les plus épaisses ténèbres. Tout le passé me semble être une illusion… (TdD 387).

Padre Pio a la lumière pour des milliers de

personnes et ne l'a pas pour lui-même. *« Dans les voies de l'esprit, en ce qui me concerne je suis pire qu'un enfant »* (TdD 468). Aussi, humblement et avec toute la force de sa foi, il s'en tient aux avis des frères prêtres à qui il confie son âme. Cela fait rager le démon qui utilise tous les stratagèmes possibles pour faire écran à cette relation spirituelle. Lui, le démon sait la puissance du sacerdoce qui, par la grâce de Jésus Christ, peut déjouer tous ses pièges. L'orgueil démoniaque est toujours vaincu par l'humilité de celui qui obéit et qui accepte de s'ouvrir à qui a reçu la grâce de servir les âmes.

Sans le soutien de ses pères spirituels, on peut penser que Padre Pio ne pourrait sans doute jamais soutenir les épreuves si longues et si répétées des nuits de l'esprit. Comment se repérer dans sa vie quand tant de doutes assaillent? Là, il cherche à sortir de ce qu'il croit être un aveuglement sur ses fautes. Ou bien encore, il pense que sa vie n'a été qu'une offense continuelle à Dieu. À d'autres moments, il se plaint de ne pas aimer Jésus ou se demande s'il sera sauvé. Il *« aspire à la lumière et cette lumière n'arrive jamais »* (TdD 448). Il se sent incapable de s'élever *« sur les ailes fortunées de l'espérance »* (TdD 525). Mais en cette âme de feu, *« l'espérance de ne pas désespérer »* et la foi sont plus fortes que tout. Il croit que toutes ces nuits sont l'œuvre de Dieu en son cœur, que leur plus beau fruit c'est la purification de l'âme pour être uni à Jésus dans sa passion. C'est pourquoi il prie avec plus d'ardeur encore à l'exemple du Maître :

Mon Dieu, qu'a été ma vie devant toi ces jours-ci alors que les plus épaisses ténèbres m'ont envahi tout entier ? Et quel sera mon avenir ? J'ignore tout, absolument tout. Je ne cesserai pas, en attendant, d'élever mes mains vers le Saint Lieu durant la nuit, et je te bénirai toujours, tant qu'il me restera un souffle de vie.

Ô mon Dieu bon ! Je te supplie d'être ma vie, ma barque et mon port. [...]

Je sens que le terrain que je foule se dérobe sous mes pieds. Qui affermira mes pas ? Qui, sinon toi, qui es le bâton de ma faiblesse. Aie pitié de moi, ô Dieu, aie pitié de moi ! Ne me fais plus sentir ma faiblesse !

Que ta confiance illumine encore une fois mon intelligence, que ton Amour réchauffe ce cœur broyé de douleur de t'offenser à l'heure de l'épreuve ! (TdD 411-412).

Passant par l'épreuve, il peut enseigner.

Le plus bel acte de foi jaillit sur nos lèvres dans la nuit, dans l'immolation, dans la souffrance, dans l'effort suprême et inflexible vers le bien ; il déchire comme un éclair les ténèbres de ton âme et te porte à travers la tempête jusqu'au cœur de ton Dieu (VV 66).

cinquième jour

L'AMOUR DE JÉSUS CHRIST

Je me demande parfois s'il existe des âmes qui ne sentent pas leur poitrine brûler du feu divin, spécialement lorsqu'elles se trouvent devant lui au Saint Sacrement. À moi, cela me semble impossible, surtout s'il s'agit d'un prêtre, d'un religieux…
J'ai tant de confiance en Jésus que, même si je voyais l'enfer ouvert devant moi et si je me trouvais au bord de l'abîme, je ne perdrais pas espoir, je me confierais à lui…
Qui peut savoir combien de fois, s'il ne m'avait pas tendu la main, ma foi aurait vacillé, mon espérance, ma charité se serait affaiblie, mon intelligence se serait obscurcie, si Jésus, l'éternel soleil, ne l'avait pas illuminée!.. (TdD 77-78).

Padre Pio est un « buisson ardent ». Son cœur brûle d'amour et souffre de ne pas se consumer.

Dieu a pris possession de son âme et le conduit par des chemins connus de lui seul. « Je veux que là où je suis, eux aussi soient avec moi » (Jn 17,24). La prière du Christ se réalise en son serviteur. Totalement donné à la volonté divine, Padre Pio nous fait pressentir la mesure du double commandement de l'amour. « Tu aimeras le Seigneur ton Dieu de tout ton cœur… et ton prochain comme toi-même » (Mc 12,29-31). Précisément, il affirme que cette mesure n'a pas de limite. *« La mesure pour aimer Dieu est de l'aimer sans mesure »* (TdD 229).

Nul, cependant, ne peut aimer Dieu s'il ne le connaît pas, s'il ne sait pas de quel amour il est aimé de lui. Padre Pio connaît Dieu. Le Seigneur Jésus se révèle à lui comme à tous ceux qui l'écoutent de tout leur cœur. Ce n'est pas dans les livres qu'il découvre l'amour, mais dans la prière. Certes, il lit et étudie avec sérieux. Il enseigne à ses fils et filles spirituels le devoir de lire, particulièrement l'Écriture sainte, ainsi que des ouvrages sérieux de spiritualité, mais il enseigne l'importance capitale de prier Dieu avec foi et persévérance. Car dit-il *« avec la lecture de la sainte Écriture et des autres Livres saints et dévots, on cherche Dieu ; avec la méditation, on le trouve ; avec l'oraison, on frappe à la porte de son Cœur et avec la contemplation, on entre dans le théâtre des divines beautés, ouvert par la lecture, la méditation et l'oraison, aux regards de notre âme»* (TdD 177).

Par sa prière Padre Pio est totalement réceptif à «l'Amour qu'est Dieu». Il peut affirmer: *«La prière est une clé qui nous ouvre le cœur de Dieu, seule la prière est capable de transformer le monde»* (TdD 745). La prière est l'expression du désir d'aimer qui gît au cœur de l'homme. Or *«le désir d'aimer "in divino", c'est l'amour»* (TdD 420), explique Padre Pio à ses filles spirituelles aux prises avec la nuit de l'esprit. Quant à lui, emporté par son désir, il vit une véritable brûlure d'amour. Il entre dans une connaissance intime du mystère trinitaire, dont il a bien des peines, comme tous les mystiques, à donner la description. Il conduit ses lecteurs et ses auditeurs au seuil du mystère. Il le fait pressentir, plus qu'il ne le dévoile, par un langage enflammé d'amour à l'égard de Celui qu'il rencontre dans un colloque continuel. *«L'âme voit ces célestes secrets, ces divines perfections bien plus clairement que lorsque nous regardons notre image dans un miroir»* (TdD 92).

Sa rencontre avec le Dieu tout amour fait brûler son cœur du désir d'aimer selon des vues toujours plus larges et plus justes (TdD 93-94). La conscience de son indignité ne l'écrase pas. Il découvre combien est sublime le Bienfaiteur de sa vie et constate qu'il est un débiteur insolvable en face de cette surabondance de l'Amour divin. Il progresse ainsi dans l'amour du Seigneur et souffre que tant d'âmes vivent sans connaître leur Dieu ou ne l'aiment pas d'un amour vraiment gratuit. Il expérimente que le double commandement de l'amour n'en fait assurément qu'un. Avec Jean il réalise que celui-là seul qui aime Dieu en vérité, et se laisse aimer par lui, est conduit à aimer son prochain comme le Christ l'a aimé. Alors « que [sa] joie soit complète » (1 Jn 1,3-4).

Cependant le désir d'aimer est sans remède tant que l'on est sur cette terre. Le tourment de l'amour dure tant que tout n'est pas consommé.

Ô Dieu, Souverain de mon cœur, Ô centre unique de mon bonheur, combien de temps devrai-je encore attendre avant de jouir, sans voile, de vos ineffables beautés ? Vous me transpercez l'âme avec les flèches de votre amour, vous êtes ce cruel qui m'ouvrez dans le cœur de profondes blessures, sans qu'elles soient apparentes ; vous tuez, sans pour autant vous soucier de me ressusciter dans votre patrie !.. (TdD 289).

Plus ce feu grandit dans l'âme de Padre Pio,

plus le désir du salut de tous ses frères humains grandit lui aussi. Sur l'image du cinquantième anniversaire de sa prise d'habit, il écrit : *« Que désire d'autre mon âme sinon de les conduire tous à toi, ô Seigneur, et supporter patiemment ce feu dévorant qui brûle toutes mes entrailles du "Cupio Dissolvi" (désir d'être consumé) »* (TdD 733).

Qui fait l'expérience d'un tel amour, celui du Maître, découvre le mystère de la souffrance et de l'abandon. Au milieu des attaques diaboliques et des maux de toute sorte, Padre Pio pénètre ce grand mystère de l'amour qui souffre. Ce n'est pas l'amour de la souffrance pour elle-même. *« Mon fils,* dit un jour Jésus à son serviteur, *l'amour se connaît dans la douleur, tu la ressentiras très vive dans ton esprit, et tu la sentiras encore plus forte dans ton corps »* (TdD 78). Bien que ces paroles lui restent obscures, Padre Pio les accueille et regarde son Seigneur. Aimer, n'est-ce pas comme Jésus être prêt à tout souffrir, à tout donner ? « Nul n'a plus grand amour que celui-ci : donner sa vie pour ses amis » (Jn 15,13). C'est pourquoi Padre Pio écrit à l'un de ses fils spirituels que *« pour aimer vraiment Jésus, il faut être un autre Jésus ! »* (TdD 69) et donc recevoir en son cœur le cœur de Jésus. Rien de cela ne peut se vivre sans la grâce.

La sécurité la plus grande est alors dans

l'abandon à l'œuvre de Dieu. Lorsque surviennent les ténèbres et les afflictions, Padre Pio dit lui-même qu'il *« est difficile de croire »* (TdD 349). Ce que pourtant il fait de toute la force de son être, jusqu'à l'héroïsme. Il préfère mourir plutôt que de ne pas aimer Jésus. Sa foi le conduit au plus grand abandon, à l'adhésion la plus profonde au-delà de toute intelligence de l'esprit.

Tous les tourments de cette terre, réunis dans un faisceau, je les accepte, Ô mon Dieu, je les désire comme mon partage, mais jamais je ne pourrai me résigner à être séparé de vous par manque d'amour… Ô mon Jésus, qu'il ne se fasse jamais que je perde le trésor si précieux que vous êtes pour moi, mon Seigneur et mon Dieu, trop vive est dans mon âme cette ineffable douceur qui tombait de vos yeux et que vous, mon Bien, avez daigné jeter un regard d'amour sur cette pauvre petite malheureuse… (TdD 299).

LE SACERDOCE DE JÉSUS CHRIST

Jésus, mon souffle et ma vie,
aujourd'hui que, tremblant, je t'élève dans
un mystère d'amour,
qu'avec toi,
je sois pour le monde,
voie, vérité, vie
et pour toi,
prêtre saint,
victime parfaite (TdD 52).

Ces quelques mots écrits sur son image d'ordination disent toute l'âme du prêtre qu'est Padre Pio. Les foules accourent vers lui parce qu'il est prêtre avec une intensité et une profondeur peu communes. Certes, il porte les marques de la Passion de Jésus. « L'extraordinaire » attire immanquablement le grand nombre, avec le meilleur et le pire... Mais on reconnaît l'arbre à ses fruits. La qualité d'âme du prêtre qu'est Padre Pio est vraie, au-delà des stigmates, qui ne sont d'ailleurs qu'un signe de cette qualité.

Prêtre, il l'est en plénitude. Il ne s'agit pas là des activités pastorales qu'il pourrait mener. Elles sont si nombreuses et si diverses suivant les aptitudes de chaque prêtre. Il s'agit de l'unité et de la fécondité de toute action sacerdotale.

À ce sujet le concile Vatican II affirme : « En vérité, le Christ, pour continuer toujours à faire dans le monde, par l'Église, la volonté du Père, se sert de ses ministres. C'est donc lui qui demeure toujours la source et le principe de l'unité de leur vie. Les prêtres réaliseront cette unité de vie en s'unissant au Christ dans la découverte de la volonté du Père, et dans le don d'eux-mêmes pour le troupeau qui leur est confié. […] Cette charité pastorale découle avant tout du sacrifice eucharistique ; celui-ci est donc le centre et la racine de toute la vie du prêtre, dont l'esprit sacerdotal s'efforce d'intérioriser ce qui se fait à l'autel du sacrifice. Cela n'est possible que si les prêtres, par la prière, pénètrent de plus en plus profondément dans le mystère du Christ » (PO 14).

Voilà bien le « programme » de Padre Pio, prêtre. Son amour, foncier, radical, pour le Christ : *« Jésus, mon souffle et ma vie »*. Son union au mystère qu'il célèbre quotidiennement comme prêtre : « *Aujourd'hui que, tremblant, je t'élève dans un mystère d'amour…* » Sa conformité avec Jésus pour ses frères les hommes : « *qu'avec toi, je sois pour le monde, voie, vérité, vie, et pour toi, prêtre saint, victime parfaite* ».

En peu de mots Padre Pio ne se trompe pas et ne trompe pas. Jésus seul est le Chemin, la Vérité et la Vie, la voie qui mène au Père (Jn 14,6). Jésus est le seul et unique grand prêtre, médiateur entre Dieu et les hommes (He 4,14). Mais dans son humilité le Christ veut passer par ses prêtres pour guider son peuple vers la maison du Père. Par eux le Christ veut nourrir de sa vie ses frères humains.

Indépendamment de la sainteté de ses ministres, Jésus se donne. Cependant le prêtre est appelé à ne faire qu'un avec Jésus. Sa mission de prêtre exige de lui qu'il entre de plus en plus dans la vérité de son ministère pour laisser passer la vie du Christ dans tout son être et toutes ses actions. Au cours de la liturgie actuelle de l'ordination, lorsque l'évêque remet la patène et le calice au nouveau prêtre, il lui dit : « *Recevez l'offrande du peuple saint pour la présenter à Dieu. Prenez conscience de ce que vous ferez, vivez ce que vous accomplirez, et conformez-vous au mystère de la croix du Seigneur.* »

Padre Pio entend, avec une conscience vive, cette exigence de sainteté sacerdotale. « *Tu as vu les larmes d'amertume qui inondaient mes joues...* dit-il à Jésus. *Je voulais mourir plutôt que de manquer à ton appel. Tu m'as caché aux yeux de tous; mais dès lors, tu as confié à ton fils une très grande mission qui n'est connue que de toi et de moi... Accomplis en moi l'œuvre que tu as commencée. Oui, intimement, et assidûment, j'entends ta voix qui me sollicite et qui me dit: Sanctifie-toi et sanctifie!..* » (TdD 38).

La sainteté est au cœur de toute vie chrétienne. « La volonté de Dieu c'est votre sanctification » (1 Th 4,3). Pour vivre la sainteté, le ministère sacerdotal est nécessaire aux chrétiens. C'est pourquoi Jésus demande à Padre Pio : sanctifie-toi et sanctifie! Cela s'adresse à tout prêtre.

Un jour, Jésus révèle à Padre Pio son immense confiance à l'égard de ses ministres. Mais c'est dans la souffrance qu'il le fait. En effet les hommes répondent mal à son amour et facilement sont lâches. Jésus se trouve abandonné dans le sacrement de son autel, dans la connaissance de son cœur miséricordieux.

...Même mes ministres, dit Jésus, *que j'ai toujours regardés avec prédilection, que j'ai aimés comme la pupille de l'œil : eux, ils devraient réconforter mon Cœur plein d'amertume, eux, ils devraient m'aider dans la rédemption des âmes. Au*

contraire, – qui le croirait? – je dois, de leur part, recevoir des ingratitudes, ils ne me connaissent plus [...] foulant aux pieds les lumières et les forces que je leur donne continuellement...

Mon fils, j'ai besoin de victimes pour calmer la juste colère divine de mon Père, refais-moi le sacrifice de tout toi-même et fais-le sans réticence aucune (TdD 83-84).

Quelques semaines plus tard Jésus *« en piètre état et tout défiguré »* se montre à nouveau à Padre Pio. *« Mon fils, ne crois pas que mon agonie n'ait duré que trois heures, non, à cause des âmes que j'ai le plus comblées, je serai en agonie jusqu'à la fin du monde. Pendant le temps de mon agonie, mon fils, il ne faut pas dormir. Mon âme va à la recherche de quelques gouttes de pitié humaine ; mais hélas, je suis seul sous le poids de l'indifférence. L'ingratitude et la somnolence de mes ministres me rendent plus pénible mon agonie. Hélas, comme ils répondent mal à mon amour! »* (TdD 86-87).

Ces visions et ces paroles augmentent en Padre Pio son ardeur de prêtre. Dans les paroles entendues il n'entend pas la condamnation, mais la soif des âmes qui jaillit du cœur de Jésus (Jn 19,28).

Aussi avec le Seigneur, il veut être pour ses frères: *« voie, vérité, vie »*. Il devient père d'une multitude par la prière, l'eucharistie, la confession et la direction spirituelle. Beaucoup trouvent par son sacerdoce le chemin de la maison du Père.

Et pour Jésus, il veut être *« prêtre saint, victime parfaite »*. Padre Pio ne cherche pas la souffrance mais l'amour. C'est l'amour qui sauve, non la souffrance. Il se donne tout entier comme victime pour ne faire plus qu'un avec l'Amour parfait. Aussi en face de l'offrande de son prêtre, Jésus ne peut que verser les fruits surabondants de la seule offrande qui sauve, celle qu'il a faite une fois pour toutes et pour tous, le vendredi saint. Mystérieusement Jésus associe les siens à son offrande, non par nécessité, mais par amour. « Tout ce qui se passe en toi, c'est le résultat de l'amour. C'est une épreuve, c'est une vocation à être co-rédempteur », lui écrit le père Benedetto (TdD 535).

L'offrande du prêtre en Jésus Christ rejoint celle de tout baptisé.

« Je vous exhorte, frères, écrit l'apôtre Paul, à offrir vos personnes en hostie vivante, sainte, agréable à Dieu : c'est là le culte spirituel que vous avez à rendre » (Rm 12,1). Bénéficiaires du sacerdoce ministériel de Padre Pio, des milliers de fidèles laïcs découvrent leur propre sacerdoce. Les voilà qui s'offrent à Dieu en Jésus Christ pour une vie sainte en plein monde et pour les hommes. Quelle fécondité pour l'Église !

L'OBÉISSANCE DE JÉSUS CHRIST

Est-ce que cet état est pour moi une grâce ou bien cela signifiera-t-il un abandon éternel, un retrait perpétuel de Dieu vis-à-vis de moi, à cause du dégoût que je lui ai causé par ma vie?
Mon esprit trouvera-t-il en Dieu un Père plein d'amour qui l'accueille toujours, ou au contraire, un juge sévère qui le condamne? Je ne suis pas en mesure de le savoir. Ô terrible obscurité! Ô incertitude effrayante! Je n'en puis presque plus: la main de Dieu s'est appesantie sur moi et la mort serait pour moi un soulagement [...] (TdD 259-262).

Aux prises avec la nuit de l'esprit, Padre Pio écrit au père Agostino. Il cherche explication et consolation. Malgré cette aide, les ténèbres demeurent. Déjà le père Benedetto lui a répondu à ce sujet. Il ne trouve pas la paix. Il rejoint mystérieusement Jésus dans l'obéissance qui l'a mené à la crucifixion. Sa lettre, datant de 1915, nous dit son état d'âme. Mystérieuse communion avec Jésus criant sur la croix : « Mon Dieu, Mon Dieu, pourquoi m'as-tu abandonné ?.. » (Mt 27,45).

« Ce fait, commente Jean-Paul II, demeure l'événement le plus décisif dans l'histoire des hommes. Si l'agonie de Dieu sur la croix n'avait pas eu lieu, la vérité que Dieu est Amour serait restée suspendue dans le vide » (EE 113).

Jésus n'a d'autre désir que de faire la volonté du Père. Il est totale dépendance amoureuse à l'égard de son Père. Il est fils, le Fils par excellence, le Fils unique et bien-aimé du Père. Pour nous il accepte d'être fait péché (2 Co 5,21). C'est dire qu'il porte au plus intime de lui-même l'attitude d'âme totalement opposée à la sienne : notre péché, tous nos péchés, qui sont autant de refus de Dieu, autant de volonté propre pour devenir dieu par nous-mêmes. Dans son âme infiniment pure, le saint des saints reçoit toute la boue des péchés des hommes. C'est un déchirement au plus intime de l'âme. L'amertume l'envahit. Voici l'Amour en personne qui s'immerge dans le non-amour des hommes. Jésus ressent la juste colère du Père, cette incompatibilité absolue entre le péché et la justice infinie de Dieu. Abîme insondable de souffrance, que nul homme, même un saint, ne pourra jamais mesurer. Au plus noir de son agonie Jésus ne cesse pas de se tourner vers son Père et de s'adresser à lui. « C'est lui qui, aux jours de sa chair, ayant présenté, avec une violente clameur et des larmes, des implorations et des supplications à celui qui pouvait le sauver de la mort, et ayant été exaucé en raison de sa piété, tout Fils qu'il était, apprit, de ce qu'il souffrit, l'obéissance » (He 5,7-8).

Padre Pio entre toujours plus profondément dans cette douloureuse passion du Seigneur. Face à tout ce qu'il ressent et qu'il a bien de la peine à décrire à son père spirituel, il s'interroge. Il voit avec clarté ses propres péchés. Il est dans l'incompréhension de Dieu et ne ressent rien d'une consolation quelconque qui pourrait lui rendre l'espérance plus facile. La douleur est si grande qu'il voudrait se cacher. Il n'ose plus, en effet, pouvoir exister devant Dieu et devant ses frères, en raison de l'indignité qui l'accable. Seul celui qui passe par ce chemin peut comprendre et savoir que ce qu'il décrit là est véridique. Ce n'est pas l'exagération d'une âme trop délicate ou trop centrée sur elle-même.

État très pitoyable qui me remplit d'une confusion

extrême! Je voudrais me cacher aux yeux de Dieu, aux yeux de toutes ses créatures, je voudrais me cacher à moi-même, si grande est la souffrance que me procurent mes misères, mon imperfection, ma pauvreté, qui tiennent mon esprit complètement noyé dans les ténèbres. [...]

Mon esprit est plongé dans d'obscures ténèbres et mon corps ne reste pas en dehors de tout cela [...].

Dieu, cependant, ménage le vent à son fils et lui laisse percevoir quelque rayon fugitif de sa lumière. Moments éphémères qui n'ôtent cependant pas à la nuit de l'âme sa poignante douleur. D'autant que toutes les explications des pères spirituels, si nécessaires soient-elles, laissent Padre Pio complètement seul dans sa souffrance. Ainsi en est-il de Jésus sur le chemin du calvaire.

Mais, vive Dieu! S'il ne voulait pas tempérer ces souffrances, surtout lorsqu'elles sont plus violentes, très vite, la vie s'en irait, mais, c'est seulement de temps en temps que j'éprouve cette douleur intime. [...]

Comme vous le voyez, je suis vraiment seul à gravir les chemins du Calvaire, privé de tout secours céleste et de tout secours humain. Si, au moins, je pouvais prier et crier! Il me semble que Jésus repousse ma prière. Il me menace et me traîne dans les ténèbres et non point à la lumière.

Il me découvre toute ma pauvreté avec la verge de son indignation. Sans cesse, il appesantit sur moi sa main, et sa main est si pesante, si insupportable, que, comme le dit Jérémie: «Ma peau et ma chair vieillissent et mes os se broient...»

L'obéissance qui conduit à un tel abaissement, c'est l'obéissance d'amour. Au plus secret de la souffrance, malgré le poids de ce qu'il endure, Padre Pio reconnaît la main du Père. «La coupe que m'a donnée le Père, ne la boirai-je pas?» dit Jésus à Simon Pierre, au jardin de Gethsémani (Jn 18,11).

Ô mon Père, que cette divine main est lourde! Pour autant elle sera encore la main d'un Père plein d'amour! Que sera-t-elle, cette même main, pour ces malheureux, pour ceux qui sont en enfer?

Je prie, mais il me semble que sa main me repousse. Il m'enferme dans les ténèbres, comme ceux qui sont morts pour toujours. Sa main dresse un édifice autour de moi et l'entoure complètement d'amertume et de lassitude. Je ne puis plus supporter sa main. Elle m'enserre toujours plus étroitement dans ses chaînes. Cette main bénie bouleverse tout, elle brise tout et me laisse totalement désolé. Avec cela, que veut faire de moi le Seigneur? Est-ce que, dans ses chemins, mon but est perdu? Et pendant que, du fond du cœur, j'élève vers Dieu mon humble prière : « Jetterait-il toute sa force dans ce débat avec moi ? Non, il n'aurait qu'à m'écouter » (Jb 23,6). Je me tourne vers vous pour que, avec franchise et en toute sincérité, vous me parliez dans le Seigneur. [...]

Est-ce que peut-être même, j'aime mon Dieu ?

Oui, Padre Pio aime. Mais il ne le sait pas. Il ne l'éprouve pas. Il le dira bien plus tard. *« Dieu est si incompréhensible, si inaccessible, que plus une âme pénètre dans les profondeurs de son amour, plus le sentiment de cet amour diminue, à tel point qu'il lui semble ne plus aimer... Croyez-moi : plus une âme aime Dieu moins elle le sent »* (VV 67).

L'amour s'est fait obéissant jusqu'à la mort. Cette obéissance a un nom : abandon. S'abandonner c'est aimer. Sur la croix Jésus l'exprime par sa dernière parole et par son dernier geste qui ne font qu'un : « "Père, en tes mains je remets mon esprit." Disant cela, il inclina la tête » (Lc 23,46).

LES PLAIES DE JÉSUS CHRIST

Jésus me dit que, dans l'amour, c'est lui qui m'aime; dans les douleurs par contre, c'est moi qui l'aime, lui. Maintenant, désirer la santé serait rechercher la joie pour moi et non pas la gloire de Jésus. Oui, j'aime la croix, la croix seule. Je l'aime parce que je la vois toujours sur les épaules de Jésus. Désormais, Jésus voit très bien que toute ma vie, mon cœur tout entier, est consacré à lui et à ses souffrances.

Hélas, mon Père, plaignez-moi si je tiens ce langage. Jésus seul peut comprendre quelle peine j'éprouve, alors que se prépare pour moi la scène douloureuse du Calvaire. On ne peut comprendre quel soulagement on donne à Jésus, non seulement en compatissant à ses douleurs, mais lorsqu'il trouve une âme qui, par amour de lui, ne demande pas d'être consolée mais au contraire, d'être rendue participante de ses douleurs mêmes.

Quand Jésus veut me faire savoir qu'il m'aime, il me fait goûter de sa Passion, les plaies, les épines, les angoisses... Quand il me donne de la joie, il me remplit le cœur de cet esprit qui est tout entier feu, il me parle de ses délices. Mais quand il veut être aimé, lui, il me parle de ses douleurs, il m'invite, d'une voix qui est à la fois prière et commandement, à lui offrir mon corps pour alléger ses propres peines... Jésus, homme des douleurs, voudrait bien que tous les chrétiens l'imitent! (TdD 82-83).

Lorsqu'il écrit au père Agostino qu'il est *« crucifié d'amour »* (TdD 228), Padre Pio parle d'une joie inexprimable et d'une très vive douleur. Il ne sait ce que le Père du ciel opère en son âme, mais il se sent toucher par le mystère de joie et de douleur de Jésus en croix.

« Ne fallait-il pas que le Christ endurât ces souffrances pour entrer dans sa gloire ? » (Lc 24,26).

« Si quelqu'un veut venir à ma suite, qu'il se renie lui-même, qu'il se charge de sa croix, et qu'il me suive » (Mt 16,24).

Autant de paroles de Jésus sur lesquelles buttent notre cœur et notre intelligence. À moins que, saisis par le Christ, comme l'apôtre Paul, nous puissions dire : « Je trouve ma joie dans les souffrances que j'endure pour vous, et je complète en ma chair ce qui manque aux épreuves du Christ pour son Corps, qui est l'Église » (Col 1,24).

La croix, cependant, demeure le plus souvent pour nous une pierre d'achoppement. Ces paroles sont trop dures. Notre tentation est de partir, mais « à qui irons-nous Seigneur ? Tu as les paroles de la vie éternelle » (Jn 6,68). Oui, laissons le Père nous attirer par son Esprit Saint. Nous comprendrons alors combien ces paroles sont celles de la vie véritable.

Padre Pio nous dit en effet qu'il aime la croix parce qu'il la voit toujours sur les épaules de Jésus. Il contemple l'Amour en personne. L'Amour s'est chargé de tous les crimes de l'humanité, des premiers aux derniers péchés commis en ce monde. Comment donc ne pourrait-il pas, lui le serviteur du Seigneur, se consacrer *« à Jésus et à ses souffrances »* ? Car les souffrances de Jésus sont l'expression la plus haute de son amour. Aimer le Christ à sa table et non sur la croix, c'est l'aimer à moitié.

Comme il est doux, ô Père, le nom de « Croix ». Ici, au pied de la Croix de Jésus, les âmes se revêtent de lumière, s'enflamment d'amour. Ici, elles prennent leurs ailes pour s'élever aux vols les plus hauts.

Que cette Croix soit toujours pour nous le lit de notre repos, l'école de la perfection, notre héritage bien-aimé. Pour cela, veillons à ne pas séparer la Croix de l'amour pour Jésus, autrement, cette Croix sans cet amour deviendrait un poids que notre faiblesse ne pourrait supporter (TdD 253).

La croix est l'école de l'amour. À sa vue, François d'Assise a prié de tout son être pour connaître non seulement la douleur, mais l'amour sans mesure qui embrasait Jésus et le portait à vivre volontiers une telle Passion pour nous, pécheurs (cf. 3e CsS 1232).

En nous donnant son Fils unique, comme l'Agneau qui enlève les péchés du monde, Dieu ne peut pas nous aimer davantage. Ô amour insondable et inexprimable. Ô Dieu, « tu as vu la peine et les pleurs, tu regardes pour les prendre en ta main » (Ps 10,14). Jésus a fait plus que prendre dans sa main toutes nos maladies et nos souffrances. Il les a prises dans son âme jusqu'à l'amertume d'une mort d'esclave. Dans l'âme du Christ nos péchés n'ont rencontré que l'amour et la miséricorde. Dans ce cœur brûlant d'amour toutes les chaînes du péché furent brisées, détruites. La mort est morte sur la croix.

Jésus est descendu dans les « en bas » de notre condition humaine pour vaincre le mal à sa racine. Oui, la volonté du Père est une volonté d'amour. En son Fils, Dieu se livre tout entier et nous attire à lui.

Comment contempler le mystère de notre rédemption et ne pas vouloir être uni à un tel amour, jusque dans les souffrances ? Celui qui aime en vérité n'a qu'un désir : ne faire plus qu'un avec la personne aimée. Ce n'est pas la souffrance qui est recherchée par le Padre Pio, c'est l'amour qui sauve parce qu'il prend sur lui le poids qui écrase les enfants du Père des cieux. Aussi demande-t-il à Jésus : *« Prends-moi avec toi sur la croix pour t'aider à sauver le monde ! »* (TdD 409).

Cette prière touche Jésus dans son désir le plus cher pour l'homme : que l'homme aime comme lui, Jésus, aime. C'est pourquoi Jésus exauce son serviteur et lui donne les marques physiques de sa Passion. Où trouver la raison d'un tel partage sinon dans l'Amour même ? Par le sacrifice du Christ le salut du monde entier est acquis totalement et définitivement. Jésus est le seul et unique Sauveur, car Dieu seul pouvait prendre sur lui le péché du monde. Seul Dieu peut tirer un bien d'un mal. Mais cet amour est ouvert à la participation. « Oui, écrit Jean-Paul II, cela semble faire partie de l'essence même de la souffrance rédemptrice du Christ que de tendre à être sans cesse complétée» (SD 24). La plus grande preuve d'amour du Christ est de rendre un de ses enfants participant de cet amour suprême qui s'offre jusqu'au supplice de la croix. Dieu nous a créés «co-créateurs», il nous veut aussi «co-rédempteurs». Ô folie de l'Amour qui, en tout, associe ses enfants à sa vie.

«Jésus, homme des douleurs, voudrait bien que tous les chrétiens l'imitent!» C'est la joie de tous les martyrs chrétiens.

Jésus crucifié appelle chaque homme souffrant à se reposer en lui: «Venez à moi, vous tous qui peinez et ployez sous le fardeau, et moi je vous soulagerai...» (Mt 11,28). Mais Jésus ouvre aussi son cœur qui souffre aux âmes généreuses, autant qu'elles peuvent le recevoir. Padre Pio peut dire avec l'apôtre Paul: «Je suis crucifié avec le Christ; et ce n'est plus moi qui vis, mais le Christ qui vit en moi. Ma vie présente dans la chair, je la vis dans la foi au Fils de Dieu qui m'a aimé et s'est livré pour moi» (Ga 2,19-20).

L'EUCHARISTIE DE JÉSUS CHRIST

Mais ce qui me blesse le plus, c'est la pensée de Jésus au Saint Sacrement. Le cœur se sent attiré comme par une force supérieure avant de s'unir à lui, le matin, dans le Sacrement. J'éprouve une telle faim et une telle soif avant de le recevoir, qu'il s'en faut de peu que je meure d'inanition. C'est justement parce que je ne peux pas m'unir à lui que parfois, avec la fièvre en moi, je suis obligé d'aller me nourrir de ses Chairs.

Et cette faim, et cette soif, bien loin de s'apaiser après l'avoir reçu dans le Sacrement, augmentent encore davantage. Alors que je suis déjà en possession de ce Souverain Bien, la plénitude de la douceur est si grande que peu s'en faut que je ne dise à Jésus: « Cela suffit, je n'en puis pratiquement plus! » J'oublie presque que je suis au monde; l'esprit et le cœur ne désirent plus rien, pendant parfois longtemps, et même volontairement rien ne me fait désirer autre chose (TdD 61-62 et PL 139).

Parce qu'il est le Pain de vie, Jésus promet que quiconque vient à lui n'aura jamais faim et que celui qui croit en lui n'aura jamais soif (Jn 6,35). Padre Pio n'est jamais rassasié de la communion au corps et au sang du Christ. Tout son être est tendu vers la pleine réalisation de ce qui est célébré et promis dans chaque eucharistie : la plénitude de la vie. Il est proprement livré au mystère de la messe. Les fidèles, qui participent à celle qu'il célèbre, sont fascinés. Ils ne voient pas ce que Padre Pio voit. Ils n'entendent pas les échanges entre Jésus et son prêtre. Ils ne pénètrent pas le mystère de crucifixion donné là. Ils voient un prêtre, comme tous les autres prêtres, célébrer la même liturgie. Mais il le voit perdu dans sa prière, en même temps que totalement présent à tous ceux qui sont présents. Un rayonnement puissant émane de toute la personne de ce prêtre comme des gestes qu'il pose au nom du Christ et de l'Église. Nul n'est indifférent. « On ne pouvait pas assister à la messe de Padre Pio, on était obligé d'y entrer et d'y prendre part » (TdD 715) témoigne le père Jean Derobert. « Une messe de Padre Pio fait plus de bien qu'une mission », affirmera le pape Paul VI (PPS 210).

Lorsque Padre Pio célèbre les saints mystères, il vit ce qu'il enseigne un jour de Fête-Dieu : « *Jésus s'est donné à nous entièrement et sans limite. Efforçons-nous de faire de même avec lui et sachons nous donner à lui avec le même amour. Nous savons bien ce qu'il nous donne en se donnant lui-même. Il nous donne le paradis* » (PPS 255). Il réalise, à propos de l'eucharistie, l'enseignement de François d'Assise : « Ne gardez pour vous rien de vous, afin que vous reçoive tout entiers Celui qui se donne à vous tout entier » (LO 29).

Par l'eucharistie Jésus est totalement rendu présent en son mystère de mort et de résurrection. « Prenez, et mangez en tous : ceci est mon corps livré pour vous. Prenez, et buvez en tous, car ceci est la coupe de mon sang versé pour vous et pour la multitude en rémission des péchés » (Mt 26,26.28). Le sacrifice de Jésus, vécu du jeudi saint au matin de Pâques, est actualisé. Autant qu'il le peut, Padre Pio prend pleinement conscience du mystère et vit de tout son être cette présence réelle de son Seigneur qui sauve le monde à l'heure du Golgotha.

L'eucharistie, « la source et le sommet de toute la vie chrétienne » (LG 11), donne à vivre le sommet de toute l'histoire des hommes, le point focal d'où toute cette histoire prend son sens et sa dimension. Il n'y a pas d'action plus grande pour l'Église que de célébrer l'eucharistie. Quelle exigence pour que toute la vie d'un chrétien vienne y puiser comme à la source de sa vie, et pour que tout ce qu'il vit conduise à elle comme à un sommet! *« Il faut toute une journée pour se préparer à la messe et toute une journée pour en vivre »*, aime dire Padre Pio.

Les mystiques voient ce que nos pauvres yeux aveugles ne voient pas, par manque de foi, ou parce que nous vivons en personne trop habituée. Jésus, dans son amour infiniment délicat, nous laisse le plus souvent la joie des mystères célébrés et garde pour lui la souffrance. À certains cependant il demande de le rejoindre sur sa croix. Mais il nous prie tous au moins de ne pas oublier et d'être vraiment présents.

Lorsqu'il célèbre, Padre Pio voit et vit la passion de Jésus, de Gethsémani au crucifiement.

Le prêtre commence la messe en rassemblant tous les besoins des hommes pécheurs, affrontés au mal : « Seigneur, prends pitié. » Par la première oraison, appelée collecte, il les porte à Jésus qui s'est fait péché pour nous.

La liturgie de la parole fait souvent pleurer Padre Pio. Pourquoi donc? *« Et il te semble peu de chose,* répond-il, *qu'un Dieu parle avec ses créatures? Qu'il soit contredit par elles? Et qu'il soit continuellement blessé par leur ingratitude et leur incrédulité ?»* (PPTD 39).

Quand vient l'offertoire, Jésus s'offre à son Père. Il sue sang et eau, mais rend grâce pour le salut des hommes. En son eucharistie, le Christ s'associe son corps qui est l'Église. Alors tout au long de la prière eucharistique, Padre Pio entre dans chacun des moments de la passion, jusqu'à la consécration qui correspond au moment de la crucifixion. *« Durant la célébration de la Sainte Messe je suis suspendu à la croix avec Jésus et je souffre tout ce qu'a souffert Jésus sur le calvaire pour autant que c'est possible à une nature humaine»* (TdD 700).

Après la consécration, Jésus en croix nous donne, avec la Vierge Marie et les saints, tous les fruits de sa vie offerte. Il le fait pour les vivants et pour les morts, pour tous les hommes dispersés et loin de lui, pour ceux qui le cherchent avec droiture. Là, Padre Pio s'arrête longuement. Il prie pour tous ceux qui habitent son cœur de prêtre. À ce moment certains fidèles présents se sentent pousser par une force irrésistible à opérer le changement radical de leur vie.

Quand le prêtre proclame la doxologie finale de la prière eucharistique, « Par lui, avec lui et en lui», il tient en ses mains Jésus crucifié et ressuscité, tout entier, celui qui récapitule en sa personne toute l'histoire des hommes et tout homme. Jésus prie pour l'unité de tous en lui. La porte est ouverte vers la maison du Père.

La joie des enfants de Dieu peut alors éclater en priant le Notre Père. Ceux-là peuvent se nourrir du corps et du sang de Jésus. Par sa passion il a rendu à tous la dignité de fils du Père.

Le pain eucharistique est la nourriture de la vie éternelle, le pain des anges, la nourriture d'éternité. En ce sens il est le pain de ce demain qui durera toujours. Il est le pain du paradis donné au quotidien afin de nourrir en nous dès aujourd'hui la vie indestructible commencée au jour de notre baptême. « Ce que nos mains ont touché du Verbe de vie, [...] nous vous l'annonçons afin que vous soyez en communion avec nous. Quant à notre communion, elle est avec le Père et avec son Fils Jésus Christ » (1 Jn 1,1.3).

LES PÉCHEURS, ENFANTS TRÈS AIMÉS DE JÉSUS CHRIST

Dieu a voulu faire de moi un exemple de grâce, il veut me proposer comme modèle à tous les pécheurs afin que pas un seul d'entre eux ne désespère.
Que les pécheurs fixent donc les yeux sur moi... (TdD 116).

Dans l'Évangile selon Luc (Lc 15), les paraboles de la brebis perdue, de la drachme perdue et du fils prodigue forment un admirable triptyque, celui du visage du Père des miséricordes. Ce tableau, peint par Jésus, nous fait comprendre l'amour ardent de Dieu à l'égard de tout homme et son désir véhément de n'en perdre aucun. Nos cœurs, cependant, sont lents à croire. Ils ont besoin de voir l'Évangile en acte. C'est pourquoi Dieu ne cesse de susciter parmi les siens des âmes de feu, signes visibles de sa présence. Instruments efficaces de sa grâce, ils l'aident à rassembler ses enfants dispersés. Padre Pio est de ceux-là. « Vraiment c'est un homme extraordinaire, dit un jour le pape Benoît XV, de ces hommes que Dieu envoie de temps en temps à la terre pour convertir les hommes. » Selon ses propres mots, Padre Pio est *« une créature dont le Seigneur se sert pour ses miséricordes »* (TdD 635). De fait, en refusant sa demande de ne pas laisser apparaître les stigmates, Jésus lui dit : *« Je te les ai donnés pour attirer les âmes. »*

Dans la prière, Padre Pio, va mystérieusement chercher les âmes les plus éloignées moyennant les dons charismatiques reçus du Seigneur. Sans négliger les petites âmes, il vit et souffre particulièrement pour les « gros poissons ». « Padre, je ne crois pas en Dieu », lui clame un pénitent. *« Mais Dieu, mon fils, croit en toi »,* répond le Padre. « Padre, j'ai trop péché, je n'ai plus d'espoir », lui dit un autre. *« Mon fils,* reprend Padre Pio, *Dieu poursuit sans relâche les âmes les plus obstinées : tu lui as coûté trop cher pour qu'il t'abandonne »* (VV 109).

Padre Pio lutte avec le Seigneur pour obtenir la conversion des pécheurs. Pour l'un il supplie : *« Ô Jésus, convertis cet homme !.. »* Au sujet d'un autre il argumente : *« – Tu veux le punir !.. – Non, Jésus... punis-moi... Tu ne dois pas le punir! Je ne t'ai pas dit que je voulais m'offrir pour tous?»* (PPS 61).

Pour le bien des âmes, non seulement, il est cloué à la croix de Jésus, mais il est prisonnier du confessionnal. Ses pénitents le quittent pacifiés et heureux. Ils connaissent désormais une joie que nul ne peut leur ravir. Pour ce trésor caché, beaucoup ne craignent pas de tout vendre et de s'établir dans une vie entièrement renouvelée.

« Moi qui, depuis quarante-cinq ans, n'avais pas mis le pied à l'église, sauf pour y admirer des œuvres d'art, témoigne l'un d'entre eux, moi, un sceptique, moi, un athée, je n'aurais pas échangé cette matinée pour tout l'or du monde. Je n'ose analyser cette force neuve et merveilleuse qui m'investit brusquement, ni la lumière foudroyante qui illumina mon esprit.

« En sortant de l'église, je me suis senti léger et heureux comme jamais encore dans toute ma vie. Tout mon être était porté par la bonté.

« L'homme sans Dieu est un être mutilé » (VV 133).

Le sacrifice du Christ est le prix de cette joie. Padre Pio en témoigne. Il approche de si près ce mystère de la joie et de la vie véritable, jaillies du cœur transpercé de Jésus, qu'il s'écrie : *« Les âmes! Oh, les âmes! Si l'on savait le prix qu'elles coûtent»* (VV 133). De même, à quelques proches il confie qu'il souffre avec Jésus *«autant que peut souffrir celui qui a pris toute l'humanité sur ses épaules»*. Aussi affirme-t-il d'expérience: *«On ne comprendra jamais ce que veut dire: se révolter contre Dieu»* (TdD 709).

Ce sens du péché et de son retentissement dans le cœur du Christ donne à Padre Pio une ardeur et une force peu ordinaires pour recevoir en confession. Il sait être ferme. Parfois il semble dur et rudoie tel ou tel pénitent, mais c'est toujours en vue du bien. Tous les habitants de San Giovanni Rotondo le savent. On n'a jamais vu un pénitent renvoyé du confessionnal du prêtre stigmatisé ne point revenir repenti.

Padre Pio lit dans les âmes. Il est assisté continuellement de la Vierge Marie comme de François d'Assise. Ces dons lui permettent d'opérer avec la précision d'un chirurgien. Ainsi après avoir aidé un pénitent à reconnaître non seulement tous ses péchés, sans en omettre aucun, mais aussi leur gravité, il lui dit: *«Vous chantiez les louanges de Satan tandis que Jésus, dans son amour infiniment tendre, s'est cassé le cou pour vous»* (VV 44).

À son provincial qui lui fait remarquer sa dureté vis-à-vis de certains pénitents, il répond:

« Comment est-ce possible de voir Dieu s'attrister du mal et ne pas s'en attrister avec lui ? » Il ajoute : *« Tu ne peux imaginer comme je prie pour ceux à qui j'ai donné une pénitence juste mais dure. J'accompagne tous mes pénitents comme si j'étais devenu leur ombre »* (EI).

Le cœur de l'homme peine à entrer dans le génie de la miséricorde de Dieu. Depuis la création du monde et le péché des origines, l'homme soupçonne Dieu de ne pas vouloir tout donner de son amour ou bien de demeurer dans les comptes d'une justice stricte et froide. Le soin que Padre Pio prend des âmes au confessionnal repose sur un équilibre parfait en Dieu, qui fait qu'« amour et vérité se rencontrent, justice et paix s'embrassent » (Ps 85,11).

Dieu fait justice. Il dénonce le péché des hommes, car celui-ci est une atteinte grave à la bonté de Dieu et à la beauté de sa créature. Néanmoins si Dieu met sa main sur le péché de l'homme c'est pour l'en relever. Il nous veut « splendides dans sa vérité », dit François d'Assise.

En donnant à l'homme la grâce de reconnaître son péché le Seigneur le confirme dans sa liberté, sa capacité d'aimer à l'image et à la ressemblance de Dieu. Aussi, pour l'homme, nommer son péché c'est manifester sa responsabilité dans le mal pour se désolidariser de ce mal, et choisir d'aimer. Mais seul Dieu peut tirer un bien d'un mal. C'est pourquoi seule la miséricorde divine accomplit toute justice. Elle donne de l'amour par-delà le péché en guérissant la blessure engendrée par le mal commis. Cette vérité inouïe, l'homme la découvre sur le visage du Christ en croix. Jésus crucifié crie justice pour tous en demandant : « Père, pardonne-leur, car ils ne savent ce qu'ils font » (Lc 23,34). Et le Père fait miséricorde à son Fils qui est devenu justice pour tous.

Padre Pio brûle de l'amour miséricordieux de Jésus pour les pécheurs. Lorsqu'il peut absoudre les péchés, il n'est pas moins envahi que le pénitent par l'amour du Christ. Joie d'avoir pu rendre libre un enfant du Père, de l'avoir conduit à la vérité tout entière de sa vie. Padre Pio connaît les rigueurs de la justice divine. Il sait plus encore le prix de l'Amour crucifié. Sur le cœur de Jésus, dit-il, *« la justice de Dieu ne peut même pas arriver »* (TdD 386).

LA COMPASSION DE JÉSUS CHRIST

Il me semble que Dieu a versé au fond de mon âme de nombreuses grâces par rapport à la compassion des misères des autres, en particulier à l'égard des pauvres qui sont dans le besoin. La très grande compassion qu'éprouve mon âme à la vue d'un pauvre fait éclore au plus intime d'elle-même un très fort désir de venir à son secours, et si je n'écoutais que ma volonté propre, elle me pousserait jusqu'à me dépouiller de mes vêtements pour l'en revêtir.
Ensuite, si je sais que quelqu'un est affligé aussi bien dans son âme que dans son corps, que ne ferais-je pas près du Seigneur pour le voir délivré de ses maux? Je prendrais volontiers sur moi toutes ses afflictions pour le voir partir sauvé, donnant en sa faveur les fruits de ces souffrances-là, si j'en avais la permission du Seigneur (TdD 151).

Padre Pio ne supporte pas que ses frères souffrent, comme en témoigne un frère capucin ayant vécu avec lui : « Padre Pio ! dit ce frère,... toujours lige au devoir, lige à la pauvreté, toujours lige à l'obéissance. Là où il estimait lui-même manquer, c'est à la fougue de la charité... » (EI). Il juge qu'il n'aime jamais assez. Lui qui partage quotidiennement la souffrance de Jésus, qui enseigne la valeur de la souffrance offerte, il se presse pour ôter la peine lorsqu'il la voit sur le dos d'un frère. Au milieu de ses frères il est « une fontaine de bonté ». Pour eux il est comme une mère. La détresse humaine lui arrache le cœur et les entrailles. Il est habité par le cri de Dieu aux premiers jours de la révélation : « J'ai vu, j'ai vu la misère de mon peuple qui est en Égypte, dit Dieu à Moïse. J'ai entendu son cri devant ses oppresseurs ; oui, je connais ses angoisses. Je suis descendu pour le délivrer... » (Ex 3,7-8). Rempli de l'amour du Père, Padre Pio est un avec Jésus pour vivre l'accomplissement des promesses. « Allez rapporter à Jean (le Baptiste) ce que vous avez vu et entendu : les aveugles voient, les boiteux marchent, les lépreux sont purifiés et les sourds entendent, les morts ressuscitent, la Bonne Nouvelle est annoncée aux pauvres... » (Lc 7,22).

Dans l'invisible, Padre Pio s'empresse auprès de ceux qui comptent sur lui. Durant la guerre de 1945 une de ses filles spirituelles est conduite à la mort d'une manière expéditive, sans aucun jugement. Il obtient sa délivrance. *« Ce que tu as pu me faire courir, ma fille, avec ta foi »* (VV 98), lui dit-il un peu plus tard. On ne compte plus les miracles ou guérisons qu'il opère. Mais à l'exemple de Jésus, en tout, Padre Pio répond à la foi ou suscite la foi. Suivant la diversité de ses charismes, sa charité, pleine de délicatesse et de prévenance, se manifeste fréquemment d'une manière inattendue. Cependant si l'on crie souvent « au miracle » à San Giovanni Rotondo, la conversion est toujours le fruit le plus magnifique des œuvres du Seigneur en son prêtre. Padre Pio a principalement en vue le bien des âmes et leur union tout entière au Christ.

Il n'aime pas parler de lui. Il répugne souvent à obtempérer à une demande de guérison. Il respecte le temps, créature de Dieu, et les dons naturels faits par Dieu aux hommes pour soigner leurs frères. Toutefois, s'il plaît à Dieu, il se rend à la volonté du divin médecin et fait ce que l'Esprit Saint lui inspire. Toujours, il prie. Il prie intensément et recommande de prier pour soulager toutes les misères de l'humanité. Bien loin de séparer Marthe et Marie, il les unit dans une œuvre géniale sortie tout droit de son cœur de feu brûlant pour les enfants souffrants de la terre. La charité de sa prière s'exprime par l'établissement d'un des hôpitaux les plus modernes dans une des régions les plus pauvres d'Italie. Et les « groupes de prière de Padre Pio » y sont associés comme un complément indispensable, tel le lien de l'âme et du corps. Le nom que prend cette œuvre en dit tout le but : *Maison du soulagement de la souffrance.*

Jésus est venu soulager toute souffrance, car Dieu n'a créé ni le mal, ni la mort. Pressé par la charité du Christ, Padre Pio est uni à son Seigneur comme au serviteur souffrant : « Ce sont nos souffrances qu'il portait et nos douleurs dont il était chargé » (Is 53,4).

Selon l'enseignement du Christ, Padre Pio ne fait aucun lien direct entre les maux dont peut être atteint un homme et sa responsabilité morale propre. Le péché demeure cependant la racine lointaine mais bien réelle de toute forme de mal et de la mort. Aussi, depuis son confessionnal, Padre Pio est infatigable pour travailler à déraciner le péché du cœur de l'homme.

Le prix qu'il paie pour délivrer tant d'hommes de l'esclavage du démon, lui donne de connaître le retentissement de la souffrance morale sur le corps. Quant aux souffrances physiques il en connaît aussi de l'intérieur les effets dans l'âme. En toute personne blessée il voit Jésus. *« Dans chaque malade, il y a Jésus qui souffre ! Dans chaque pauvre il y a Jésus qui languit! Donc, dans chaque pauvre Jésus est doublement présent»* (VV 171).

L'homme qui souffre c'est Jésus et celui pour lequel Jésus a payé d'un grand prix le salut. Cet homme doit recevoir les soins les meilleurs. La charité à son égard doit être compétente. Mais la fin de l'homme n'est point sur cette terre. L'union au Christ pour une vie éternelle, qui en est le but ultime, est le fruit d'un long cheminement d'Alliance. La compassion pour la souffrance des corps ne doit donc pas être séparée de la compassion des âmes. Si l'homme est atteint à la source ultime de son être par la charité prodiguée à son corps, il peut s'ouvrir, au cœur de sa souffrance, au sens de la vie et à des forces insoupçonnées jusqu'alors. «Cette compréhension exacte de la charité», Pie XII en fait l'éloge lors de l'inauguration de l'hôpital du Gargano. «Aussi la médecine, qui veut être vraiment humaine, doit-elle aborder la personne intégralement, corps et âme. Mais, d'autre part, elle en est incapable par elle-même, puisqu'elle ne détient aucune autorité ni aucun mandat l'habilitant à intervenir dans le domaine de la conscience. Elle appelle donc des collaborations qui prolongeront son œuvre, la conduiront à son véritable aboutissement. Placé dans les conditions idéales au point de vue matériel et moral, le malade aura moins de peine à reconnaître, en ceux qui travaillent à le guérir, des auxiliaires de Dieu, soucieux de préparer la vie à l'intervention de la grâce, et c'est l'âme elle-même qui sera ainsi rétablie dans la pleine et lumineuse intelligence de ses prérogatives et de sa vocation surnaturelle. À cette condition seulement on pourra parler en toute vérité d'un soulagement efficace de la souffrance… » (PPS 240).

Selon cette vision profonde de foi qui prend l'homme entier, Padre Pio veut que cet hôpital soit tout à la fois un centre de soins, un centre d'études et un centre de vie spirituelle. Ainsi enseigne-t-il aux médecins le fruit de son expérience personnelle de la souffrance : *« Votre mission, à vous, est de soigner la maladie. Mais si au lit du malade vous ne portez pas l'amour, je ne crois pas que les remèdes puissent être très efficaces. Portez Dieu aux malades, cela vaudra mieux que toutes les autres cures ! »* (TdD 737).

Pour la guérison des malades, le pardon des pécheurs et la résurrection de Lazare, Jésus se livre corps et âme, « jusqu'à l'extrême » (Jn 13,1). Tel est l'amour. C'est pourquoi le Père exauce toujours sa prière (cf. Jn 11,41b-42a).

L'ÉGLISE DE JÉSUS CHRIST

Prions pour la cause de la sainte Église, notre très tendre mère ; consacrons et sacrifions tout à Dieu et à cette fin, et attendons (PL 137).

Le lien de Padre Pio avec l'Église se résume par ces deux attitudes d'âme que sont l'amour et l'obéissance. Son amour pour l'Église est immense, sans faille et parfaitement loyal. Il se traduit concrètement dans le mot d'un de ses admirateurs : « un miracle d'obéissance ». Les deux réalités sont fondues en sa vie tout entière dans une prière continuelle pour l'Église.

L'amour de Padre Pio pour l'Église vient de sa foi profonde au Christ. Il est de la même veine que celui de François d'Assise. Si Francesco Forgione, devenu en religion frère Pio da Pietrelcina, est ce qu'il est, il le doit à l'Église. C'est l'Église qui l'a baptisé et confirmé, qui lui donne Jésus eucharistie et qui fait de lui un prêtre de Jésus Christ, chargé, en elle et avec elle, de donner à son tour Jésus au monde entier. Pour Padre Pio le Christ et l'Église ne font qu'un. Jésus a aimé l'Église. Il s'est livré pour elle. Il en a fait tout à la fois son Épouse et son Corps. « Ce mystère est de grande portée » (Ep 5,25-32).

Dans cet esprit, Padre Pio vit un grand respect pour l'Église, à commencer vis-à-vis de ceux qui ont la charge de la gouverner et de la représenter. « S'il m'arrivait, disait souvent François d'Assise, de rencontrer ensemble un saint venu du ciel et n'importe quel pauvre petit prêtre, je commencerais par présenter mes respects au prêtre en lui baisant aussitôt les mains, et je dirais : "Un moment, saint Laurent ! Car les mains que voici touchent le Verbe de vie et possèdent une puissance plus qu'humaine" » (2 Cel 201).

L'enseignement de François, Padre Pio le met en pratique dans des situations bien diverses. Enfant, lorsqu'il est enseigné par un prêtre vivant dans le péché, il le récuse, mais ne lui fait pas de tort. Une fois devenu « Padre Pio » il assiste ce ministre du Seigneur au moment de sa mort et le réconcilie avec Dieu.

À un évêque qui lui veut bien du mal, il fait dire qu'il n'accédera jamais à la charge à laquelle il aspire, mais qu'il sera à côté de lui au paradis. Lucidité et humour ne se départent jamais chez Padre Pio d'une authentique charité. Car, pour lui, *« manquer à la charité, c'est atteindre Dieu à la prunelle de ses yeux »*. Il ne peut empêcher nombre de fidèles d'écrire ou de faire des démarches parfois intempestives pour le défendre. Il ne supporte pas cependant que l'on dise quelque mal que ce soit de l'Église, même de ceux qui dans son Ordre ou à la Curie romaine, lui portent un lourd préjudice. Il pleure de certaines actions qui atteignent l'Église sous prétexte de le protéger. À ce sujet, il arrête de son autorité paternelle une démarche qui aurait fait scandale et abîmé le visage de celle qui est tant aimée de Jésus, l'Église toujours sainte et immaculée.

Padre Pio ne confond pas quelques hommes d'Église, fussent-ils de haut rang, avec l'Église entière. Il ne confond surtout jamais le pécheur qu'il faut aimer, quelle que soit sa situation sociale ou ecclésiale, et le péché qu'il faut haïr. Plus encore il adhère, de toute son âme et de toute la force de sa foi, à ce mystère de l'Église, épouse de Jésus Christ et temple de l'Esprit Saint.

Il puise sans cesse à la source de la foi reçue de l'Église même. Cette source habite son cœur et lui fait voir et vivre toute chose en Dieu. Comme il aime les papes qu'il voit successivement présider aux destinées du Corps du Christ dans des circonstances historiques si difficiles! Ceux-ci ne sont pas les derniers à se recommander à sa prière. Padre Pio prie pour eux avec ferveur et offre ses souffrances à leur intention. De tous, il fait l'éloge selon des vues qui dénotent une attention faite d'écoute attentive et de profond respect. Il est dans les premiers à obéir aux initiatives du souverain Pontife. Lorsque, en pleine guerre, Pie XII lance un appel vibrant à la prière, c'est là qu'en réponse Padre Pio donne naissance à ses «groupes de prière».

Lorsque, sous l'autorité de la curie de l'Église, surviennent des mesures restrictives à son ministère, Padre Pio ne se départit pas de sa foi au mystère du Christ en son Église. *« Tout est badinage d'amour»* aime-t-il répéter (TdD 163). Il sait que c'est Dieu qui dans tous les événements *«tire les ficelles»*. Il contemple Jésus livré sans cesse pour son Église en sa Passion. Aussi en réponse aux instructions du Saint-Office qui font de lui un reclus dans son couvent, Padre Pio ne dit mot, malgré les larmes. Il entre dans le silence. Il obéit. *«La volonté des supérieurs, c'est la volonté de Dieu.»* Au sortir de la longue épreuve, une seule réflexion sort de ses lèvres: *«Jésus m'a envoyé pour le salut des âmes. Mais qu'ai-je fait pendant ces trois années? J'ai prié. Mais la prière ne suffit pas pour la mission qui m'a été confiée. Aidez-moi, j'ai besoin de votre aide. Demandons à Jésus que cela ne se reproduise plus. Jésus a besoin des âmes, Jésus a besoin de sauver les âmes»* (TdD 706). Quelle foi dans le mystère de son sacerdoce, reçu des mains de l'Église, et qui ne peut être vécu ni en dehors d'elle, ni contre elle!

Déjà en 1912 il écrit au père Agostino sa souffrance qu'un *«grand nombre d'âmes s'éloignent de Dieu, source d'eau vive, pour le seul motif qu'elles se trouvent privées de la Parole de Dieu. Les moissons sont nombreuses, les ouvriers sont en petit nombre»* (TdD 156).

Sans doute Padre Pio n'est pas sans percevoir ce qui se joue dans l'Église à son sujet. «Le vent souffle où il veut et tu entends sa voix, dit Jésus à Nicodème, mais tu ne sais pas d'où il vient ni où il va. Ainsi en est-il de quiconque est né de l'Esprit» (Jn 3,8).

Les dons et les charismes de l'Esprit, fruit de la libre initiative divine, peuvent venir bousculer les habitudes et les façons de faire des pasteurs eux-mêmes. Dieu est toujours surprenant, inattendu, parce qu'il est l'Amour. La mission de l'Église dépasse l'Église elle-même, car elle est celle du Christ. L'Église est sainte et toujours en voie de sanctification. Mais les dons reçus n'en demeurent pas moins, par la volonté de Jésus, soumis au discernement et à la vigilance des ministres de l'Église. C'est pourquoi en ce qui le concerne, Padre Pio, totalement confiant, s'en remet le premier au jugement de ses pères spirituels, et, au-delà d'eux, à l'autorité suprême. C'est le même Esprit Saint qui « assure l'unité de l'Église dans la communion et le service », qui « l'équipe et la dirige grâce à la diversité des dons hiérarchiques et charismatiques », qui « l'orne de ses fruits » (LG 4).

Padre Pio dit être un mystère pour lui-même. Il comprend qu'il suscite quelque perplexité auprès de ceux qui l'ont en charge. Mais comme pour François d'Assise il ne voit aucune opposition entre charisme et institution. Il vit la cause de l'Église comme la cause de Jésus Christ en personne. Pour elle et par amour de Jésus, il veut donc se consacrer tout entier et tout sacrifier. Car il sait de par sa foi que c'est par elle seule que Jésus veut donner le salut au monde entier.

LA MÈRE DE JÉSUS CHRIST

Comme ce mois prêche bien les douceurs et la beauté de Marie !.. Combien de fois n'ai-je pas confié à cette Mère les pénibles angoisses de mon cœur agité ! Et combien de fois ne m'a-t-elle pas consolé ? Pauvre petite Maman, comme elle m'aime ! Je m'en suis à nouveau rendu compte dès les premières heures de ce mois. Avec beaucoup de soin, elle m'a, elle-même, accompagné à l'autel ce matin…
Je voudrais avoir une voix tellement puissante pour inviter les pécheurs du monde entier à aimer la Madone ! Mais puisque cela m'est impossible, j'ai prié et je prierai encore mon petit ange de remplir pour moi ce devoir… (TdD 70).

Regarder Padre Pio prier, c'est immanquablement rencontrer la Vierge Marie. Elle est là, à ses côtés, avec une évidence qui ne peut échapper à personne. Il la prie sans cesse et prie avec elle. Cela lui est naturel et vient du plus profond de sa foi.

Le cardinal Joseph Ratzinger a pu dire : « Si la place occupée par la Vierge Marie a toujours été essentielle à l'équilibre de la foi, retrouver aujourd'hui cette place est devenu d'une urgence rare dans l'histoire de l'Église » (EF). Padre Pio en est un vivant témoin. On peut même légitimement se demander si ce n'est pas grâce à cette présence constante de la Vierge Marie auprès de lui que, au milieu de tant d'épreuves et de souffrances, il a pu garder son équilibre humain et spirituel.

« Qu'il était beau à voir dans le silence de la chambre n° 5, témoigne un ancien collégien, alors que nous, les petits frères, nous allions nous confesser à lui ! Une lumière douce conférait un air mystique à son visage émacié, mais rayonnant. Devant lui, il y avait une photo de sa mère, morte peu de temps avant, et une petite statuette de la Vierge. Il nous parlait d'elle et nous apprenait à l'aimer. Lorsqu'il se promenait, à l'heure fixée, le long de l'allée centrale du jardin du couvent absorbé dans sa souffrance et dans son amour, il faisait courir les grains de son chapelet entre ses mains blessées. Comme elle était chaude, sa voix lorsque, avec les autres, il récitait la prière de l'Angélus, dans le jardin, au chœur, à la fenêtre ! Qui ne sentait pas son cœur se fondre quand, chancelant, il se rendait à l'autel pour la cérémonie du soir et qu'il récitait d'une voix brisée par les sanglots, la "visite à Marie, la très sainte"? Combien de fois ne s'arrêtait-il pas devant le cadre de l'Immaculée au pied de l'escalier qui conduisait à la sacristie, ou bien devant la "Vierge des douleurs" qui ornait le meuble de l'ancienne sacristie?» (TdD 762-763).

Padre Pio vit de Marie, plus qu'il n'enseigne à son sujet. On le surnomme «le rosaire vivant». Il a toujours un chapelet à la main. Il en récite jusqu'à des dizaines par jour. Le chapelet, c'est *«mon arme»,* dit-il. Dans le rude combat qu'il mène contre le démon il éprouve sans nul doute l'efficacité de la prière à Marie. L'incompatibilité, établie par le Seigneur entre l'Adversaire du genre humain et la Femme, fait de Marie le plus puissant rempart contre les attaques démoniaques. «Son lignage t'écrasera la tête et tu l'atteindras au talon» dit Dieu au serpent trompeur (Gn 3,15).

La Vierge Marie est Notre Dame des grâces. Par elle toute grâce nous est donnée. C'est pourquoi Padre Pio la prie en toutes ses nécessités, y compris physiques. Lorsque la maladie le tient depuis des semaines et que la statue de Notre Dame de Fatima quitte l'Italie, il s'adresse à sa Mère avec la confiance d'un enfant:

«Madonna, Mamma mia, depuis que tu es entrée en Italie, je suis malade; et maintenant tu t'en

vas et tu me laisses encore malade?» (PPS 259). La guérison est immédiate... Padre Pio est immergé dans l'océan de souffrances du Christ et de l'humanité. Nul ne pourra l'accuser en face de cette demande de guérison de cultiver la souffrance pour elle-même ou de rechercher l'extraordinaire hors des chemins de l'Évangile.

Le sens de la foi dicte à Padre Pio la place irremplaçable et nécessaire d'une vraie dévotion à Marie. *«Il faut que tu saches que nous ne pourrons jamais atteindre Jésus, source d'eau vive, sans nous servir du canal, qui est la Vierge. Jésus ne vient à nous que par l'intermédiaire de la Vierge. Imitons la Vierge dans sa sainte humilité et dans sa discrétion. Que la Sainte Vierge te fasse ressentir tout son amour. Abandonnons-nous dans les mains de la Mère Céleste pour atteindre le bien-être et la paix»* (PPE 145).

Sa force de conviction au sujet de Marie lui vient de l'expérience. Certes, depuis sa tendre enfance, il voit souvent la Vierge Marie. Depuis qu'il est prêtre et qu'il lutte pour sortir les âmes de la fange du péché, il éprouve plus encore l'efficacité de la présence de la Vierge Marie, tant au confessionnal qu'à l'autel. La prière du chapelet est la réponse normale, spontanée, à cette présence aimante de la Mère de Dieu. À la visitation continuelle de la *«Mammina»*, la petite

Maman, l'enfant répond par la visite du rosaire: «*Je vous salue Marie…*» C'est la volonté de Dieu que l'alliance nouvelle et éternelle s'accomplisse par Marie, avec elle et en elle. Du début à la fin des temps et pour la totalité du dessein d'amour du Père, la Vierge Marie est associée à la mission de son divin Fils. «À partir du consentement qu'elle apporta par sa foi au jour de l'Annonciation et qu'elle maintint dans sa fermeté sous la croix, cette maternité de Marie dans l'économie de la grâce se continue sans interruption jusqu'à la consommation définitive de tous les élus» (LG 62).

C'est spécialement au sein de la passion que Padre Pio découvre l'union extraordinaire du Fils de Dieu et de sa Mère. Dans une lettre datant de 1913, Padre Pio décrit ses états d'âme au père Benedetto, les grâces de consolation et d'union à Jésus, mais aussi l'expérience douloureuse de son propre péché face à l'amour rayonnant du cœur du Christ. La double expérience intérieure de la lumière et des ténèbres lui fait comprendre le glaive qui transperça le cœur de Marie dans sa communion d'âme à la passion de son Fils. Heure unique où la noirceur du péché des hommes atteint le très saint, le très pur, et où la toute sainte, la toute pure communie à cette crucifiante rencontre…

Maintenant, il me semble que je puis pénétrer ce que fut le martyre de notre Mère bien-aimée : ce qui ne m'avait été possible auparavant. Oh ! si les hommes pénétraient ce mystère ! Qui parviendra à comprendre notre chère Corédemptrice ? Qui lui refuserait le titre de Reine des Martyrs ? (TdD 99).

Marie, en sa présence unique au pied de la croix, Padre Pio la prie et recommande de la prier pour pouvoir suivre Jésus en vrai chrétien, c'est-à-dire en portant la croix. « *Que la Vierge des Douleurs nous obtienne de son Fils Très Saint de nous faire pénétrer toujours plus avant dans le mystère de la Croix, et qu'avec Elle, nous soyons enivrés des souffrances de Jésus. [...] Efforçons-nous, nous aussi, comme l'ont fait tant d'âmes choisies, de nous tenir toujours derrière cette Mère Bénie, de toujours marcher près d'Elle, puisqu'il n'existe aucun autre chemin qui conduise à la vie, sinon celui que notre Mère a emprunté. Ne refusons pas ce chemin, nous qui voulons atteindre au but* » (TdD 253-254).

Dans une reconnaissance infinie devant le don de Dieu reçue par la toute transparente du Seigneur, Padre Pio lui remet toute sa vie et son sacerdoce. Il la prie sans cesse pour obtenir le but de la vie.

« *Mère très douce, fais que je l'aime ! Verse dans mon âme cet amour qui brûlait dans la tienne...* » (VV 152).

LES ANGES DE JÉSUS CHRIST

Ô Raffaelina, comme il est consolant de savoir que nous sommes toujours sous la garde d'un esprit céleste qui ne nous abandonne même pas (chose admirable) dans l'action par laquelle nous déplaisons à Dieu...

Prenez la belle habitude de toujours penser à lui. Que, à côté de nous, il y a un esprit céleste qui, du berceau à la tombe, ne nous quitte pas un instant, qui nous guide, qui nous protège comme un ami, comme un frère, qui doit aussi nous consoler toujours, spécialement dans les heures qui sont, pour nous, les plus tristes.

Sachez, ô Raffaelina, que ce bon ange prie pour vous : il offre à Dieu toutes les bonnes œuvres que vous faites, vos désirs saints et purs. Dans les heures où il vous semble être seule et abandonnée, ne vous plaignez pas de ne pas avoir une âme à qui vous puissiez vous ouvrir et à qui vous puissiez confier vos peines; par charité, n'oubliez pas cet invisible compagnon, toujours présent pour vous écouter, toujours prêt à vous consoler. Ô délicieuse intimité! Ô heureuse compagnie!.. (TdD 243-244).

Enfant, Padre Pio joue avec son ange gardien. Lorsqu'il s'aperçoit qu'il n'en est pas de même pour ses camarades, il n'en tire aucune vanité. La familiarité avec son ange, un don reçu du Seigneur, est tout entier au service de sa mission. À cette présence angélique, Padre Pio est pleinement fidèle. Cela lui permet d'ouvrir le cœur et l'intelligence spirituelle d'une multitude à ce merveilleux cadeau de Dieu. Certains esprits forts veulent ranger l'existence des anges au rayon de la mythologie. Quand survient la présence du mystérieux envoyé du Seigneur, vous rejoignant au cœur de votre être et de votre mission, les raisonnements se taisent et font place à l'émerveillement. *« Ô délicieuse intimité! Ô heureuse compagnie!.. »*

Padre Pio n'argumente pas. L'existence des anges est une vérité de foi, fruit du témoignage de l'Écriture et de l'unanimité de la Tradition (CEC 328). Comme tout apôtre, Padre Pio n'est pas chargé de faire croire ses auditeurs, mais de leur dire la vérité révélée. La force de sa prière et de sa conviction mûrie à l'aune de l'expérience opère là aussi bien des conversions.

« Tu crois à ton ange gardien ? » demande-t-il à un séminariste. « Euh ! je ne l'ai jamais vu ! » répond celui-ci. Fixant le jeune homme de son œil pénétrant, Padre Pio lui administre une retentissante paire de gifles, et laisse tomber ces mots :

« Regarde bien, il est là, et il est très beau ! » (PPTD 16).

Padre Pio sait ce qui convient à chacun. Le rayonnement de sa charité déborde de toute part sa sévérité. Prenons conscience que nous sommes souvent comme des gamins incorrigibles piétinant les parterres de fleurs du Seigneur. Nous ne voyons pas, ou nous réalisons si peu l'amour du Seigneur manifesté par l'ange gardien ou les anges en général. Ce sont les anges de Jésus lui-même. Le Seigneur nous les envoie pour notre salut (He 1,14). Avec ses anges il viendra à la fin des temps pour tout remettre au Père (Mt 25,31).

Quand le Seigneur nous demande de ne mépriser aucun enfant, il donne pour motif que leurs anges voient la face du Père (Mt 18,10). Il souligne par là le lien étroit de l'homme avec son ange gardien et l'essentiel de la mission de l'ange : aider l'homme à garder, en toutes ses démarches, son cœur tourné vers Dieu. Lien si fort, dit Padre Pio, *« qu'il ne nous abandonne même pas (chose admirable) dans l'action par laquelle nous déplaisons à Dieu ».*

Padre Pio et son ange gardien sont comme deux frères jumeaux ou comme des amis inséparables. Qu'il le voie ou non, Padre Pio compte sur son ange, il le prie ; il sollicite son aide fraternelle en de multiples occasions ; il reçoit ses services avec une grande reconnaissance. Il est même capable de lui faire des reproches lorsqu'il ne se manifeste pas avec diligence ou qu'il semble l'avoir abandonné.

C'est que Padre Pio éprouve la formidable efficacité de son ange dans les tribulations qui l'assaillent. Voici le démon qui fait tout pour le séparer de son père spirituel. Mais « le malheur ne peut fondre sur toi, chante le Psalmiste, ni la plaie approcher de ta tente : il a pour toi donné ordre à ses anges de te garder en toutes ses voies » (Ps 91,10-11). Ainsi en est-il le jour où « Barbe-Bleue » (nom donné à Satan par Padre Pio) tache d'encre la lettre du père Agostino qui lui est destinée. L'ange le prévient de la manière de s'en sortir. Un peu d'eau bénite fait l'affaire. L'ange l'assiste plus encore lorsque le démon se présente sous les traits d'un père de la Province capucine venu lui transmettre l'ordre formel de ne plus correspondre avec son père spirituel. « *Je n'aurais jamais pu soupçonner, même légèrement,* constate Padre Pio *qu'il s'agissait d'un piège de Barbe-Bleue si le petit ange ne m'avait pas dévoilé la supercherie !..* » (TdD 78).

Un ange est venu réconforter Jésus dans son agonie (Lc 22,43). Que de fois Padre Pio éprouve la présence bienfaisante de son ange pour sortir d'impasses ou de situations difficiles. « *C'est notre compagnon inséparable,* dit-il, *celui qui est toujours auprès de nous, de la naissance à la mort. Notre solitude n'est donc qu'apparente. Notre ange gardien est toujours à côté de nous, dès le matin, à peine sommes-nous éveillés, et pour la journée et la nuit, toujours... toujours... Combien de services nous rend notre ange gardien sans que nous nous en apercevions et sans même que nous le sachions !* » (TdD 404).

Voilà pourquoi Padre Pio enseigne de prier son ange. « *Il convient de ne jamais oublier l'ange gardien et de se recommander à lui, que, si souvent nous avons fait pleurer parce que nous n'avons pas suivi ses inspirations, qui étaient, finalement, la Volonté de Dieu* » (TdD 207).

En découvrant qui est notre ange, nous comprenons pourquoi il a de quoi s'attrister en face de nos ingratitudes.

L'ange gardien adore Dieu face à face. Dans

cette lumière divine il voit la beauté de l'homme qui lui est confié. Tout son être d'ange et son amour consistent à servir Dieu dans la créature humaine. Il contemple, en celui dont il a la garde, le mystère même de Dieu, dans ce qu'il a d'unique en ce cœur d'homme, dans la mission unique que Dieu confie à cet homme. Son respect et sa révérence pour son protégé fait qu'il ne se tient jamais devant lui mais à ses côtés ou légèrement en arrière. C'est tout l'inverse de l'attitude de l'ange déchu qui cherche à s'interposer entre l'homme et Dieu, d'où son nom de diable (ce qui veut dire en grec : ce qui fait écran). Qui a reconnu la charité de son ange, éprouvé sa délicatesse, saisit la réflexion de Padre Pio : *« Regarde bien, il est là, et il est très beau ! »*

Notre monde allant vers toujours plus de complexité, Padre Pio affirme à Giovanni Siena, son fils spirituel : *« Voici l'heure des anges. »* Plus que jamais les anges sont appelés à servir les enfants de l'Église. Le témoignage personnel de nombreux papes corrobore cette parole prophétique de Padre Pio[3].

De surcroît, par quel mystérieux dessein la providence divine a-t-elle établi sur la même

---

[3] Georges HUBER, *Mon ange marchera devant toi,* Saint-Paul, 18-32.

montagne du Gargano le plus ancien pèlerinage à saint Michel archange et le premier prêtre stigmatisé de l'histoire ? Pour sa part, dans son combat contre l'ange des ténèbres et pour la conversion des pécheurs, Padre Pio s'appuie constamment sur la prière et l'intervention du chef de la milice céleste. C'est avec lui qu'il dit remporter ses plus belles victoires.

L'HUMILITÉ DE JÉSUS CHRIST

Gardez-vous aussi de l'amour de la vaine gloire, défaut propre aux personnes dévotes. Celui-ci nous pousse, sans nous en apercevoir, à paraître toujours plus que les autres, à conquérir pour nous l'estime de tous. Saint Paul en avertit, lui aussi, ses chers Philippiens lorsqu'il dit: «N'accordez rien à la vaine gloire!» (Ph 2,3). Ce grand saint, rempli de l'Esprit du Seigneur, voyait bien, en toute sa dimension, le mal qui allait gagner ces saints chrétiens, lorsque ce vice maudit serait parvenu à pénétrer dans leurs esprits. Et c'est la raison pour laquelle il voulut les mettre en garde: «N'accordez rien à la vaine gloire!..»

Contre ce maudit vice, véritable ver, véritable teigne de l'âme pieuse, opposez le mépris de cette vaine gloire. N'acceptez pas que l'on parle beaucoup de vous; la piètre opinion de soi-même, en croyant tout le

monde supérieur à soi, est l'unique remède pour nous protéger de ce vice.
Sans compter que c'est là, la source et le germe de toute division. L'humilité, au contraire, nous rendra semblables au Seigneur, qui dans son Incarnation, s'est abaissé et s'est anéanti, prenant la forme d'un esclave (TdD 193).

Lorsque Padre Pio écrit ses lignes à Raffaelina, il est tout jeune prêtre et ne connaît pas encore l'affluence des foules avec le redoutable danger qu'elle comporte pour l'humilité. Il a conscience des dons que le Seigneur lui fait. Il se connaît et sait bien que l'orgueil est la racine du mal, gisant au fond du cœur de tout homme. Quand l'orgueil étend ses racines parmi les merveilles du Seigneur, il pervertit et falsifie tout. Celui qui veut vivre la plénitude de la Loi supplie d'en être gardé. « Préserve aussi ton serviteur de l'orgueil, qu'il n'ait sur moi nul empire ! Alors je serai irréprochable et pur du grand péché » (Ps 19,14).

L'orgueil ! Voilà le plus grand danger des âmes de qualité. Il s'agit bien du péché par excellence. « Au mal de l'orgueilleux il n'est pas de guérison, car la méchanceté est enracinée en lui » (Si 3,28).

« L'humilité, au contraire, nous rendra semblables au Seigneur. » Les saints la désirent parce qu'elle est la reine des vertus. Toutefois, un seul est véritablement humble, c'est le Seigneur. La Vierge Marie le rejoint parfaitement en son humilité. Quant à nous, nous tendons à la perfection de l'humilité. Padre Pio en est conscient. Jamais il ne se croit arrivé.

L'humilité ne consiste pas à dire que nous ne valons rien. Telle n'est pas la conviction du psalmiste qui crie vers Dieu en disant : « Merveille que je suis, merveille que tes œuvres » (Ps 139,14). L'humilité est sœur de la pauvreté, dit François d'Assise. Elle consiste à ne pas s'approprier ce qui vient de Dieu. Plus spécifiquement elle reconnaît que tout bien est un don de Dieu. L'humilité retourne tout bien en louange et action de grâce au Seigneur Dieu.

Je ne puis comprendre comment une âme peut s'enorgueillir des dons qu'elle voit en elle-même. Il me semble que, plus une âme se voit riche, plus elle a raison de s'humilier devant le Seigneur, puisque les dons du Seigneur grandissent et qu'elle ne pourra jamais donner pleine satisfaction au Dispensateur de tout bien…

Oh, lorsque le tentateur veut vous faire tomber dans l'orgueil, redites-vous à vous-même : tout ce qui est de bien en moi, Dieu me l'a prêté. Me glorifier de ce qui n'est pas à moi serait une folie (TdD 226).

Parvenir à cette attitude d'âme est impossible sans passer par l'épreuve de la nuit intérieure et de la prise de conscience de son propre rien, comme de son état de pécheur. Padre Pio sait la réalité de ses propres péchés face à la grandeur de Dieu. Il est convaincu de ne pas répondre à la mesure des dons qu'il reçoit du Très-Haut. Comme l'apôtre Paul il se glorifie de ses propres faiblesses. Alors Dieu peut d'autant plus révéler par lui les merveilles de son Amour.

Aime ton abjection, écrit-il à Maria Gargani. *Si tu es humble, tranquille, douce, pleine de confiance au milieu de ces impuissances, si tu ne t'impatientes pas, si tu ne fais pas trop attention à toi, si tu ne te troubles pas de tout ce que tu vas souffrir, mais si, de bon cœur, – je ne dis pas allégrement – mais franchement et fermement, tu embrasses toutes les croix, si tu te contentes de rester dans les ténèbres de l'esprit que t'enverra le Ciel, alors, tu aimeras ton abjection.*

Et que veut dire « abjection », sinon « obscurité » et « impuissance ». Aime à être dans cet état par amour de Celui qui le veut ainsi, et tu aimeras ta propre abjection qui est le degré le plus élevé de l'humilité (TdD 447).

Tout vient de Dieu et tout retourne à Dieu. Parce qu'il n'est pas facile de rester humble quand on a beaucoup reçu, Padre Pio prie pour être plutôt conduit par *« cette voie ordinaire qu'empruntent toutes les autres âmes »* (TdD 236). Il demande que lui soit accordée à sa dernière heure la contrition parfaite. Il comprend Jésus lui disant : *« Combien de fois m'aurais-tu abandonné, mon fils, si je ne t'avais pas crucifié ? Sous la croix on apprend à aimer, et je ne la donne pas à tous, mais seulement aux âmes qui me sont le plus chères ! »* (TdD 83). Aussi écrit-il à son Provincial : *« Humilions-nous donc beaucoup et avouons aussi que si Dieu n'était pas notre cuirasse et notre bouclier, nous serions immédiatement transpercés par toute espèce de péché »* (TdD 450).

De quoi le serviteur de Dieu peut-il donc se glorifier ?

L'humilité du serviteur consiste, à l'exemple de la Vierge Marie, à reconnaître que le Seigneur a fait en lui de grandes choses, à rendre tout à Dieu par une perpétuelle action de grâce. Rendre grâce en étant pleinement livré au service de tous les enfants d'Abraham. Tel est le portrait du pauvre capucin du Gargano. Tous sont frappés par son extrême humilité. Entièrement donné, Padre Pio n'a de regard que pour Dieu. En totale humilité il sait que tout prêtre est « un instrument conjoint du Verbe » (Thomas d'Aquin). L'essentiel est donc d'en prendre conscience et de le vivre en laissant passer, par ce ministère, Dieu et Dieu seul.

Dans son compte rendu de visite le prince Klugkist, chrétien orthodoxe, en témoigne : «… Je me suis trouvé en face du "Moi divin", en lui seul, je n'ai plus trouvé trace du "moi" humain. Les autres étaient "des hommes" dont la personnalité était plus ou moins pénétrée de divin. Lui au contraire, n'est qu'un instrument du divin. Lui est parvenu au but, à l'Union. […] Padre Pio m'écoutait avec la plus grande attention, évitant toutefois mon regard. Moi, par contre, tout en parlant je l'étudiais, je me sentais toujours plus fasciné par la "sincérité" de sa sainteté. Aucun geste, aucun regard, aucune parole qui aurait eu l'empreinte "personnelle". Il me semblait pouvoir percevoir quelque chose d'infiniment supérieur qui s'unissait à ce corps, humble et fragile… » (TdD 582,586).

Au cœur de la Trinité sainte le Verbe de Dieu se reçoit tout entier du Père. Sa joie est d'être engendré du Père, de tout lui rendre dans un acte éternel d'offrande et de reconnaissance… Lorsqu'il s'incarne et s'anéantit jusqu'en sa douloureuse passion, le Verbe de Dieu manifeste aux hommes l'humilité qui est dans le Dieu unique et trois fois saint.

Ô humilité divine par laquelle se manifestent la beauté et la grandeur de celui devant qui tu te fais tout petit!

«Si je ne te lave pas, tu n'as pas de part avec moi», dit Jésus à genoux devant l'apôtre Pierre... (Jn 13,8b). En Padre Pio, Jésus nous demande humblement d'accepter de lui laisser nous laver les pieds afin que, là où il est, nous soyons nous aussi pour l'éternité.

BIBLIOGRAPHIE

Voici en langue française quelques livres de référence. Ils renvoient pour la plupart à une abondante bibliographie, particulièrement en langue italienne.

Biographies

Pascal CATANEO, *Fioretti de Padre Pio,* Médiaspaul, 1990, 191 p. Ces récits découvrent les délicatesses de Dieu manifestées dans le concret de la vie. Les faits rapportés sont solidement établis et reconnus pour ne pas laisser libre court à un enthousiasme mal éclairé.

Yves CHIRON, *Padre Pio, Le stigmatisé,* Perrin, 1999, 343 p. L'ensemble de la vie est vu dans toute son étendue et sa richesse.

Jean DEROBERT, *Padre Pio, transparent de*

Dieu, Hovine, 1987, 790 p. Le récit, écrit à partir de l'ensemble des lettres spirituelles du bienheureux, ouvre le lecteur, au-delà des *Fioretti,* à l'âme du stigmatisé. Un livre important pour connaître Padre Pio.

Enrico MALATESTA, *Padre Pio, un prêtre sous le poids de la croix,* François-Xavier de Guibert, 1993, 253 p. Le livre donne une bonne place à la controverse à propos de l'authenticité des stigmates comme des diverses persécutions. Des documents de première main sont fournis.

Luigi PERONI, *Padre Pio, Le saint François du XXe siècle,* Saint-Augustin, 1998, 181 p. Regard d'un témoin et d'un fils spirituel, conseiller auprès des groupes de prière.

Maria WINOWSKA, *Le Vrai visage du Padre Pio. Vie et survie,* Fayard, 1976, 180 p. Récit très vivant, plein de finesse et de profondeur qui donne en vérité le visage de Padre Pio. L'auteur ne craint pas de dire simplement son propre itinéraire. Au-delà de l'agacement vis-à-vis d'une certaine littérature trop enthousiaste et déformante par son « fanatisme », elle est allée elle-même à la rencontre d'un homme de Dieu brillant d'humilité.

Extraits des écrits de Padre Pio

Padre Pio. Paroles de Lumière, Salvator, 2000, 207 p.

Padre Pio nous enseigne, éditions « La casa sollievo della sofferenza », San Giovanni Rotondo, 1983, 295 p.

Padre Pio, une pensée chaque jour, Médiaspaul, 1991, 122 p.

Padre Pio, transparent de Dieu. Cet ouvrage du père Jean Derobert, déjà cité, donne le texte même de la presque totalité des lettres spirituelles de Padre Pio.

Ouvrages de spiritualité

Jean DEROBERT, *Padre Pio, Témoin de Dieu, Maître spirituel, Homme de la messe,* Hovine, 1986, 40 p. Récit de la rencontre de l'auteur avec Padre Pio, devenu son père spirituel, et témoignage sur la participation de Padre Pio à la passion de Jésus durant la messe.

Jean DEROBERT, *La Rose de Padre Pio,* Hovine, 1988, 40 p. et *Ce que croyait Padre Pio,* Hovine, 1991, 40 p. Ces deux opuscules prolongent le témoignage de l'auteur après son ouvrage majeur cité plus haut.

Melchiorre de POBLADURA, *À l'école spirituelle de Padre Pio*, éditions « Padre Pio da Pietrelcina », San Giovanni Rotondo, 1996, 248 p. Étude systématique de la spiritualité de Padre Pio.

Giovanni SIENA, *Padre Pio, Voici l'heure des anges,* Tequi, 1999, 264 p. Sachant la proximité de Padre Pio avec son ange gardien et saint Michel, l'auteur, natif de San Giovanni Rotondo et fils spirituel de Padre Pio, cherche à mieux comprendre le mystère de la vie et du compagnonnage des anges dans la vie des hommes. En l'encourageant Padre Pio lui dit : « Voici l'heure des anges. »

TABLE DES MATIÈRES

Sigles et abréviations 9

La vie de Padre Pio 11
Un visage à contempler 21

1. L'appel de Jésus Christ 25
2. La pauvreté de Jésus Christ 31
3. La prière de Jésus Christ 37
4. Le combat de Jésus Christ 43
5. L'amour de Jésus Christ 49
6. Le sacerdoce de Jésus Christ 55
7. L'obéissance de Jésus Christ 61
8. Les plaies de Jésus Christ 67
9. L'Eucharistie de Jésus Christ 73
10. Les pécheurs, enfants très aimés
de Jésus Christ 79
11. La compassion de Jésus Christ 85
12. L'Église de Jésus Christ 91
13. La Mère de Jésus Christ 97
14. Les anges de Jésus Christ 103

15. L'humilité de Jésus Christ 111

Bibliographie 119
Dans la même collection 125

DANS LA MÊME COLLECTION

1. Philippe Ferlay, *Le Christ-Prêtre*
2. Gabriel-Marie Garrone, *Le Concile Vatican II* (traduit en portugais au Portugal)
3. Claude Morel, *François de Sales* (4e édition, traduit en anglais aux États-Unis, en italien, en polonais, en tchèque, et en anglais en Inde) – fête le 24 janvier
4. Constant Tonnelier, *Jean de la Croix* (4e édition, traduit en anglais aux États-Unis, en italien, en polonais, en portugais au Portugal et en tchèque) – fête le 14 décembre
5. Georges Rotheval, *Marie Noël* (2e édition)
6. André Pinet, *Jean Tauler* (traduit en anglais aux États-Unis, en croate et en tchèque)
7. Robert Schiélé, *Don Bosco* (2e édition, traduit en anglais aux États-Unis, en italien, en polonais et en tchèque) – fête le 31 janvier
8. Suzanne Vrai et André Pinet, *Thomas d'Aquin* (traduit en anglais aux États-Unis et en portugais au Portugal) – fête le 28 janvier
9. Pierre Blanc, *Le Curé d'Ars* (3e édition, traduit en anglais aux États-Unis, en polonais, en portugais au Brésil et en portugais au Portugal) – fête le 4 août
10. André Gozier, *Maître Eckhart* (2e édition, traduit en anglais aux États-Unis, en croate, en tchèque et en polonais)
11. Jean Abiven, *Thérèse d'Avila* (3e édition, traduit en anglais aux États-Unis, en hongrois, en portugais au Portugal, en portugais au Brésil et en coréen) – fête le 15 octobre
12. André Dupleix, *Pierre Teilhard de Chardin* (3e édition, traduit en anglais aux États-Unis, en italien et en portugais au Portugal)

13. Thaddée MATURA, ***François d'Assise*** (4e édition, traduit en anglais aux États-Unis, en italien, en espagnol, en polonais, en tchèque, en portugais au Portugal et en portugais au Brésil) – fête le 4 octobre
14. André GOZIER, ***Saint Benoît*** (traduit en anglais aux États-Unis et en italien) – fête le 11 juillet
15. Pierre-Yves ÉMERY, ***Saint Bernard*** (3e édition, traduit en anglais aux États-Unis) – fête le 20 août
16. Michel LAFON, ***Charles de Foucauld*** (3e édition, traduit en anglais aux États-Unis, en italien, en polonais et en tchèque)
17. Jean-Marie SÉGALEN, ***Saint Alphonse de Liguori*** (traduit en anglais aux États-Unis, en portugais au Brésil et en lituanien) – fête le 1er août
18. Jaime GARCÍA, ***Saint Augustin*** (3e édition, traduit en anglais aux États-Unis, en espagnol, en lituanien, en polonais, en tchèque et en italien) – fête le 28 août
19. Constant TONNELIER, ***Thérèse de Lisieux*** (4e édition, traduit en anglais aux États-Unis, en polonais et au Brésil en portugais) – fête le 1er octobre
20. Chantal VAN DER PLANCKE et André KNOCKAERT, ***Catherine de Sienne*** (2e édition, traduit en anglais aux États-Unis, en arabe, en lituanien, en néerlandais, en polonais, en portugais au Portugal, en roumain et en tchèque) – fête le 29 avril
21. Véronique PINARDON et Jean BULTEAU, ***Louis-Marie Grignion de Montfort*** (traduit en anglais aux États-Unis, en lituanien, en polonais et en tchèque) – fête le 28 avril
22. Gérard DUFOUR, ***Marguerite-Marie*** – fête le 16 octobre
23. André GOZIER, ***Thomas Merton*** (traduit en anglais aux États-Unis, en polonais et en tchèque)
24. Cardinal Paul POUPARD, ***Paul VI*** (traduit en italien)
25. Marc DONZÉ, ***Maurice Zundel*** (3e édition, traduit en tchèque)
26. Joseph PYRONNET et Charles LEGLAND, ***Gandhi*** (traduit en italien)
27. François VAYNE, ***Bernadette*** (2e édition, traduit en anglais aux États-Unis) – fête le 18 février
28. Matthieu ARNOLD, ***Luther*** (traduit en italien)

29. Bernard Pitaud, ***Madeleine Delbrêl*** (2e édition, traduit en italien)
30. Christian Delorme, ***Martin-Luther King***
31. Michel Lafon et les Petites Sœurs de Jésus, ***Petite Sœur Magdeleine de Jésus*** (traduit en tchèque)
32. Benoît Lobet, ***Georges Bernanos*** (traduit en tchèque)
33. Henri-Marie Manteau-Bonamy, ***Marthe Robin*** (2e édition)
34. Jacques Gauthier, ***Patrice de La Tour du Pin***
35. Benoît Rivière, ***Edmond et Marie Michelet*** (2e édition)
36. Marie-Thérèse de Maleissye, ***Marie de la Passion*** (fondatrice des Franciscaines Missionnaires de Marie) (traduit en anglais en Inde, en espagnol et en vietnamien)
37. Didier Dastarac, ***Jeanne d'Arc*** – fête le 30 mai
38. Alain Quilici, ***Saint Dominique*** (traduit en anglais aux États-Unis) – fête le 8 août
39. Jean Roche, ***Marcellin Champagnat*** (fondateur des Frères Maristes) – fête le 6 juin
40. Marie-Thérèse Boulinguier et Marie-Françoise Toulouse, ***Nicolas Barré*** – fête le 21 octobre
41. Gilles Beaudet, ***Jean-Baptiste de La Salle*** (traduit en italien) – fête le 7 avril
42. Francine de La Gorce, ***Le père Joseph Wresinski*** (fondateur du Mouvement ATD Quart Monde)
43. François Bécheau, ***Ignace de Loyola*** – fête le 31 juillet
44. Jean Rémy, ***Élisabeth de la Trinité*** (2e édition) – fête le 8 novembre
45. Jean-Pierre Renouard, ***Saint Vincent de Paul*** – fête le 27 septembre
46. Michel Dupuis, ***Edith Stein*** – fête le 9 août
47. Jean-François de Louvencourt, ***Le père Kolbe*** – fête le 14 août
48. Jean-François Soubrier, ***Sainte Jeanne de France*** – fête le 4 février
49. Roger Bichelberger, ***Guillaume-Joseph Chaminade*** (fondateur de la Famille marianiste) – fête le 22 janvier
50. Cardinal Etchegaray, ***Jean XXIII*** – fête le 11 octobre
51. Jean-François Petit, ***Emmanuel Mounier***

52. Jean-Marie LÉVRIER-MUSSAT, ***Mgr Rodhain*** (fondateur du Secours Catholique)
53. Bernard DULLIER, ***Eugène de Mazenod*** (fondateur des Oblats de Marie Immaculée, évêque de Marseille) – fête le 21 mai
54. Une moniale de la Chartreuse Notre-Dame, ***Saint Bruno*** (fondateur des Chartreux) – fête le 6 octobre
55. Marie-France BECKER, ***Claire d'Assise*** – fête le 11 août
56. Jean-François de LOUVENCOURT, ***François et Jacinthe de Fatima*** (traduit en portugais au Portugal) – fête le 20 février
57. Jean-Dominique DUBOIS, ofm, ***Padre Pio*** (2e édition) – fête le 23 septembre
58. Marie-Thérèse ABGRALL, ***Madeleine Daniélou***
59. Guillaume DERVILLE, ***Josémaria Escriva*** (traduit en portugais au Portugal) – fête le 26 juin
60. Madeleine BOURCEREAU et Marie-Thérèse TOULOUSE, ***Le père Jacques Sevin*** (fondateur du scoutisme catholique)
61. Jean ALLEMAND, ***Henri Caffarel*** (fondateur des Équipes Notre-Dame)
62. André MAYOR, ***Jules Chevalier*** (fondateur des Missionnaires du Sacré-Cœur)
63. Gabrielle NOËL o.s.u., ***Marie Guyart de l'Incarnation*** (mère de l'Église canadienne) – fête le 30 avril
64. Philippe BAUD, ***Nicolas de Flue*** – fête le 25 septembre

---

Cet ouvrage a été reproduit et achevé d'imprimer par l'Imprimerie Floch à Mayenne en mai 2002 pour le compte des Éditions Nouvelle Cité, 37, avenue de la Marne, 92120 Montrouge.

DEUXIÈME ÉDITION

ISBN 2-85313-398-2. N° d'impr. 54463. D. L. : mai 2002.
(Imprimé en France)